El Guerrero
Espiritual

El arte de vivir con espiritualidad

Al fin se revelan las herramientas secretas de un extraordinario y poderoso maestro espiritual. En El Guerrero Espiritual, JOHN-ROGER responde a la pregunta de cómo vivir una vida espiritual interna llena de satisfacciones en medio del constante cambio y adversidad de la vida moderna. Tal y como lo ha hecho para miles de personas alrededor de todo el mundo, el autor presenta claves para lograr la maestría de las relaciones, del miedo y de las adicciones, y para poder crear abundancia y amor.

John-Roger dice: "Puesto que yo soy un hombre práctico, este es un libro práctico. Mi filosofía no es como la vajilla fina que se saca con cuidado para usarse una vez al año. No tiene caso tener una filosofía, sin importar cuan poética y bella sea, si no se puede usar cotidianamente".

Lleno de sabiduría, humor y, sobre todo, amor, los muchos "best-sellers" de John-Roger se caracterizan por sus propuestas certeras para obtener lo máximo de la vida a través de un enfoque espiritual. Perfila al Guerrero Espiritual de hoy como uno que sostiene la batalla contra las distracciones y la ansiedad de la vida moderna, con intención, impecabilidad e implacabilidad. El Guerrero Espiritual contrarresta los hábitos negativos y las relaciones destructivas, cambiando patrones y viviendo en alineación consciente con el Alma.

JOHN-ROGER no sólo presenta los problemas, sino soluciones prácticas. La observación, la meditación, los ejercicios espirituales y llevar un diario espiritual son algunas de las herramientas prácticas para la vida espiritual.

Elogios críticos para El Guerrero Espiritual

"Si todos leyeran este libro, el mundo sería un lugar mejor para vivir. John-Roger es de verdad una inspiración, y este libro me llegó al corazón y al alma. ¡Que hombre tan increíble!"
—Paris Hilton

"El libro de John-Roger El Guerrero Espiritual es muy querido para mí. De manera bastante literal este libro cambio mi vida. Me enseñó a vivir con el corazón abierto, desde el alma, y de una forma mucho más abundante y feliz de lo que jamás podría haber imaginado. John-Roger es mi maestro y mi amigo".
—Jaime King-Newman

"Este es el primer libro de John-Roger que yo leí. Sigo valorando con todo mi corazón El Guerrero Espiritual tanto como el día en que me lo regalaron, porque me proporcionó una comprensión y una claridad sobre el mundo, que tan a menudo parece estar fuera de equilibrio. Todas las enseñanzas llenas de amor de John-Roger me han cambiado la vida, y este libro marcó el comienzo de una vida de auto-descubrimiento y de saber manifestarse".
—Selma Blair

"El inspirador libro El Guerrero Espiritual presenta información comprensible y práctica. Es un libro de recetas que nos guía a una fuente inagotable de ingredientes; es un Mapa del Tesoro que nos incita a la más auténtica de las aventuras; es una caja de herramientas para construir lo que siempre hemos soñado en todos los aspectos de nuestras vidas. Es una obra práctica, profunda y verdadera, útil hasta para los más escépticos."
—Fantine Rodrigues Tho
    Cantante y compositora brasilera

"Siempre me gustó leer sobre guerreros, buscando ávidamente las cualidades que me permitirían vencer los obstáculos de mi vida. Siempre he buscado el amor en mi vida, y eventualmente encontré que la mejor forma de satisfacerlo fue a través de mi amor por Dios. El Guerrero Espiritual me enseñó con claridad, y de manera práctica, cómo juntar dentro de mí al Espíritu y al guerrero. Ahora estoy aprendiendo que, no importa cuáles sean las circunstancias externas, yo soy la felicidad y el amor y el éxito que estaba buscando".

—Leigh Taylor-Young
Ganadora del premio Emmy ("Picket Fences", "Sunset Beach")
Consejera Especial en Artes/Prensa para el Programa Ambiental de Naciones Unidas
Portavoz del Instituto para la Paz Individual y Mundial

"Una clase magistral de John-Roger en el uso de la espada del amor."

—Juan Cruz Bordeu
Actor, director, fotógrafo y productor argentino

"Me gustó muchísimo El Guerrero Espiritual. John-Roger redefine la dedicación, el compromiso, la cooperación, el entusiasmo y la empatía. Nos alienta a que seamos heroicos 'guerreros del amor' en nuestras propias vidas, a 'ganar' para el beneficio de todos, junto con el éxito material y la satisfacción espiritual. Aprendemos a transformar el caos en creatividad, las fantasías negativas en imaginación divina, a adueñarnos del manto del 'Guerrero Espiritual' y a compartirlo. ¡Es brillante!"

—Sally Kirkland
Nominada para el Oscar y ganadora del premio Golden Globe ("Anna")
Productora, directora, maestra

"Es raro que un libro sea a la vez inspirador y práctico. El Guerrero Espiritual no solamente nos inspira a recorrer el sendero del guerrero, armados de amor, intención, perdón y sencillez, sino que también nos ofrece un manual de instrucciones para utilizarlos. El proceso de convergencia espiritual, de quince días de duración, es especialmente útil, porque empuja al guerrero fuera del nido y le permite comprobar que puede volar solo".

—Drs. Ron y Mary Hulnick
Codirectores de la Universidad de Santa Mónica

"El Guerrero Espiritual ofrece una abundancia de experiencia y múltiples referencias para vivir conscientemente a partir del Espíritu. John-Roger nos provee de herramientas llenas de sentido común que podemos utilizar para mantener nuestro enfoque interno en este mundo desafiante y a veces perturbador. Como seres humanos todos compartimos la búsqueda colectiva de significado, y el regreso a la vida en nuestro verdadero hogar, el Alma".

—John Morton
Director Espiritual, Movimiento del Sendero Interno del Alma
Compañero de golf de J-R

Libros de John-Roger

Abundancia y Conciencia Superior
Amando cada Día
Caminando con el Señor
¿Cómo se Siente ser Tú? (con Paul Kaye)
¿Cuándo Regresas a Casa? (con Pauli Sanderson)
Dios es tu Socio
Drogas
El Camino de Salida
El Cristo Interno y los Discípulos del Cristo
El Guerrero Espiritual
El Sexo, el Espíritu y Tú
El Tao del Espíritu
Esencia Divina (Baraka)
La Conciencia del Alma
La Familia Espiritual
La Fuente de tu Poder
La Promesa Espiritual
Manual para el Uso de la Luz
Mundos Internos de la Meditación.
Pasaje al Espíritu
Perdonar: La Llave del Reino
Posesiones, Proyecciones y Entidades
Relaciones (versión actualizada)
Sendero a la Maestría
Viajes Durante los Sueños (versión ampliada)

Si desea recibir mayor información por favor diríjase a:

Movimiento del Sendero
Interno del Alma
MSIA
Box 513935
Los Angeles, CA 90051-1935
EE.UU.
Teléfono: (323)737-4055
alma@msia.org
www.msia.org

El Guerrero

Espiritual

El arte de vivir con espiritualidad

John-Roger
Doctor en Ciencia Espiritual (DCE)

Mandeville Press
Los Angeles, California

Copyright 1998, 2008
Peace Theological Seminary
and College of Philosophy
Primera edición.

Todos los derechos reservados
incluyendo el derecho de reproducción
parcial o total por cualquier medio.

Publicado por Mandeville Press
P. O. Box 513935
Los Angeles, California 90051-1935, EE.UU.

Traducción al español: Selene Soler Schoettler con la colaboración de Jesús Becerra, María José Marañón y Nora Valenzuela

Visítenos en www.spiritualwarrior.org

Impreso en los Estados Unidos de Norteamérica
ISBN 978-1-893020-49-8

Diseño de portada: Nita Ybarra

Pasaje de El Peregrino Secreto de John Le Carré
Impreso con permiso de Knopf, Inc.

*Para Claire y Zane,
de su Abba.*

Índice

Epígrafe	xv
Nota del Autor	xvii
Prólogo	xix
Prefacio	xxi
Introducción: ¿Por qué un guerrero?	xxiii

PRIMERA PARTE: RECLAMANDO TU TERRITORIO INTERIOR

Capítulo 1: Soltar el control — 1
Secreto del Guerrero Espiritual:
   Expansión en medio de la contracción — 9

Capítulo 2: Aceptar al enemigo interno — 11
Herramienta del Guerrero Espiritual:
   Despejar el inconsciente con la técnica
   de la Escritura Libre — 23

Capítulo 3: Despertar — 31
Secreto del Guerrero Espiritual:
   Amar: La suprema intención — 45

Capítulo 4: Abrazar al tirano mezquino — 47
Secreto del Guerrero Espiritual:
   Simplificar y relajarse — 51

SEGUNDA PARTE: CONVIRTIÉNDOTE EN UN GUERRERO ESPIRITUAL

Capítulo 5: Alinearse — 55

Capítulo 6: Manifestar tu Espíritu — 65

Capítulo 7: Pasar de lo desconocido
          a lo incognoscible   79
Herramienta del Guerrero Espiritual:
    Ejercicios Espirituales   91

Capítulo 8: Conectar los lados izquierdo y
          derecho de la conciencia   95
Secreto del Guerrero Espiritual: Dejar ir   103

Capítulo 9: Acosar al Espíritu   105

Capítulo 10: Observar la vida en la tierra:
           Consejos para los Viajeros   123

TERCERA PARTE: ENTRENAMIENTO AVANZADO

Manteniendo la convergencia espiritual
    Un diario de quince días   139

Modelos de Guerreros Espirituales (Una invitación) 155

La Despedida   157

Apoyo adicional y materiales de estudio   158

Sobre el autor   172

Agradecimientos   175

"He encontrado lo que buscaba: a un hombre como yo pero que, en su búsqueda de significado, había descubierto un propósito valioso para su vida; que había pagado todos los precios sin considerarlo un sacrificio; que lo seguía pagando y continuaría haciéndolo hasta la muerte; al que no le importaba nada el compromiso, nada su orgullo, nada de nosotros o de la opinión de los demás; que había reducido su vida a aquello que realmente le importaba, y que era libre."
—John Le Carré, *El peregrino secreto*

Nota del Autor

Al escribir sobre conceptos espirituales, inevitablemente utilizaré palabras que tienen distintos significados para diferentes personas, que dependen del sendero personal que hayan elegido o de su educación espiritual o religiosa. En las páginas que siguen he usado palabras como "Alma", "alma", "Espíritu", "espíritu", "Ser", "ser", "Dios", y otras, de manera específica. Con el fin de lograr los mejores resultados, sugiero a los lectores que suspendan, tanto como les sea posible, sus interpretaciones personales de estas palabras y conceptos, y permanezcan abiertos a cómo los defino yo en el contexto, a través de mis explicaciones, y de acuerdo con su propia intuición.

Prólogo

Nos afanamos desesperadamente buscando pequeños trozos de sentido en nuestras vidas. Rebuscamos en iglesias y museos, nos sometemos a terapias sicológicas y concurrimos a todos los talleres habidos y por haber, olvidando con frecuencia, que es la forma en que decidimos conducir nuestra vida cotidiana lo que le dará verdadero propósito y significado a ella. De esto es de lo que en realidad se trata el Guerrero Espiritual. Es un manual de espiritualidad práctica para crear mayor paz y estabilidad en nuestra vida, independientemente de los desafíos que se nos presenten. Cada sección del libro, desde reclamar nuestro territorio interno hasta llevar un diario interno, que nos ayudará a reforzar hábitos de empatía y entusiasmo en nuestra vida, han sido diseñadas con el propósito de afianzar y fortalecer todo aquello que es mejor para nosotros. En mi propio transcurrir he consultado muchas veces este libro para que se me recordara aquello que es tan fácil de olvidar cuando estamos inmersos en las responsabilidades y distracciones de la vida. Cuando nos adueñamos del manto del guerrero espiritual nos resulta mucho más fácil no dejarnos limitar por los miedos, no tener que sacrificar nuestra propia verdad para ser aceptados o aprobados y para que no piensen que somos "complicados". Las actitudes del guerrero, dedicación, compromiso, disciplina y enfoque, pueden transformar nuestra vida, y ayudarnos a mantenernos leales a nuestra misión y a nuestros sueños, sin importar el caos y la adversidad que nos rodeen. En *El Guerrero Espiritual* he encontrado numerosas llaves que pueden abrir el centro quieto de mi existencia y de mi ser, ese lugar que no depende de las subidas y bajadas constantes de la vida. Eso no significa que ocasionalmente no nos desorientemos o que prefiramos tener éxito y ser alabados que fracasar y ser criticados. Pero sí significa que podemos salirnos de eso y recuperar rápidamente nuestro centro. El Guerrero Espiritual puede ayudarnos a construir esa estructura segura de apoyo interno, de manera que todos nuestros miedos y emociones negativas se conviertan en la materia prima de nuestra evolución, que en definitiva nos conecta con nuestro ser verdadero".

—Arianna Huffington
   Editora en Jefe del *Huffington Post*

Prefacio

He aprendido lo que significa ser un Guerrero Espiritual por necesidad práctica. A lo largo de los últimos años, tanto mi trabajo como mi personalidad han recibido críticas de personas que no estaban de acuerdo con lo que hacía. Para mí, la mejor respuesta ha sido vivir feliz y exitosamente, sin prestar atención a lo que se diga o haga. Me he esforzado por vivir mi vida interiormente, sin apego al mundo. Ese es el camino del Guerrero Espiritual.

Este libro es un intento por compartir contigo los principios del proceso que aprendí, y enseñarte a aplicar estos principios a tu propia vida, independientemente de las circunstancias. Sé que estos principios funcionan porque los he practicado y puesto a prueba una y otra vez en mi propia vida.

Puesto que yo soy un hombre práctico, este es un libro práctico. Mi filosofía no es como la vajilla fina que se saca con cuidado para usarse una vez al año. No tiene caso tener una filosofía, sin importar cuán poética y bella sea, si no se puede usar cotidianamente.

Con el correr de los años he leído muchos libros acerca de vivir la vida basada en los principios del guerrero,

John-Roger

incluyendo algunos excelentes, escritos por Carlos Castañeda, que cubren ciertos aspectos del proceso. Sin embargo, la gente se me sigue acercando a preguntarme cómo pueden vivir una vida espiritual interior en un mundo que cambia constantemente, un mundo que es desafiante y exigente.

Este libro es la respuesta a esa pregunta. A medida que lo leas, te invito a que uses lo que funcione para ti y que dejes ir lo que no te sirva. De hecho, ese principio aplicado a toda tu vida es el primer paso en el sendero del Guerrero Espiritual. Internémonos en ese sendero ahora mismo.

John-Roger
Los Angeles, 1997

Introducción: ¿Por qué un guerrero?

Este libro te enseñará a reclamar para ti el manto del Guerrero Espiritual. Los Guerreros Espirituales son gente —hombres y mujeres— que eligen confiadamente en donde enfocar su atención interna, aun cuando las realidades externas de su vida diaria sean caóticas, problemáticas o sencillamente molestas.

Aunque la palabra "guerrero" te traiga a la mente imágenes de conflicto armado, convertirte en un Guerrero Espiritual no tiene nada que ver con la violencia. Los atributos positivos de un guerrero—dedicación, compromiso, disciplina y concentración—nos pueden servir de apoyo en nuestros senderos espirituales personales.

Un guerrero tiene una misión clara y enfoca su atención en esa meta con impecabilidad, aun cuando enfrente una crisis emocional, una enfermedad, conflictos con su esposa o esposo, con sus compañeros de trabajo, vecinos o con la persona que casi se lo llevó por delante en la autopista.

Incluso frente a la adversidad, el guerrero clásico se rige por sus valores y principios.

Pero siendo que la mayoría de los guerreros avanzan para subyugar a quien perciben como el enemigo, los Guerreros Espirituales siguen un camino diferente, avanzando en dirección a su propio centro más íntimo. Se esfuerzan en perfeccionar la disciplina interna que los mantendrá en armonía con Dios (o con el Espíritu, si prefieres ese término) mientras atraviesan este mundo.

Hay tres cualidades vitales para el Guerrero Espiritual: intención, impecabilidad e implacabilidad.

Intención es la dirección en la cual quieres viajar. Los Guerreros Espirituales se aseguran que su intención sea muy clara, porque lo que creamos en el mundo es lo que se nos viene de vuelta. Si tu intención es ser amoroso y cariñoso, no puedes permitir la presencia de nada que no sea amoroso o cariñoso en tu campo de acción.

Impecabilidad es simplemente utilizar nuestra energía sabiamente y con propósito, conservándola y dirigiéndola, para poder alinearnos con el Espíritu. De esta alineación espiritual emerge la claridad sobre la realidad eterna y la libertad que nos brinda el dejar de lado la naturaleza esclavizante de este mundo físico.

Implacabilidad es la Espada de la Verdad del Guerrero Espiritual, su Espada del Corazón, que cercena todo lo que ha dejado de ser necesario o útil. Los Guerreros Espirituales no aceptan cualquier cosa, ni lo aceptan todo; en vez son implacables al liberarse de limitaciones

Introducción

y adicciones—comportamientos habituales e improductivos del pasado.

El Propósito de convertirte en un Guerrero Espiritual

Los Guerreros Espirituales están abiertos al mundo, no aislados de él. No quieren controlarlo, sino que lo aceptan tal como es y buscan guía interna para responder a él de una forma que esté alineada con sus intenciones más elevadas. Saben que los miedos, los agravios y las confusiones de la vida no son accidentales. En vez, nuestras Almas pueden beneficiarse de las oportunidades que estas situaciones brindan, de aprender, crecer y compartir.

> **La vida no se trata de evitar las lecciones difíciles, sino de extraer de ellas lo que más se pueda a favor del progreso de nuestro ser espiritual. La diferencia entre un Guerrero Espiritual y mucha de la gente que deambula por el mundo esperando que el éxito, el amor o la abundancia se les aparezcan, es que el Guerrero Espiritual *actúa* en lugar de reaccionar.**

Las cinco características del Guerrero Espiritual

Mientras sigamos apegados a nuestros antiguos puntos de vista, incluso formular nuestra intención más elevada será una tarea difícil. Por ejemplo, si queremos hacer dinero, pero creemos que no nos merecemos que nos paguen más de lo que actualmente nos pagan por el trabajo que hacemos, ya hemos hecho imposible lograr nuestra meta.

John-Roger

Necesitamos desprendernos constantemente de lo viejo y hacer espacio para lo nuevo. Más importante aún que eso, necesitamos practicar estar en el Espíritu, estar alineados con nuestra intención espiritual, hasta que aquello se transforme en nuestro estado habitual. Este libro no te hará perder el tiempo tratando de cambiar tu comportamiento o de liberarte de tus patrones negativos. Invariablemente los intentos de ese tipo son inútiles. En estas páginas no encontrarás una manera fácil de rebajar de peso, de dejar de fumar o de hacer un millón de dólares. Sin embargo, los cambios ocurrirán naturalmente si adoptas los sencillos principios y herramientas que ofrecemos.

En última instancia, vamos a elevar hasta Dios nuestras adicciones, nuestros hábitos, las cosas que nos mantienen atrapados. Entonces, lo que queremos hacer ahora es orientar nuestros patrones adictivos hacia Dios, de manera que vayamos aproximándonos a nuestra intención.

Si incorporas estas cinco características a todo lo que haces te acercarás progresivamente a tu Espíritu interno:

1. **El Guerrero Espiritual lo acepta todo.** Esto significa no hacer juicios ni oponer resistencia. (¡Nadie dijo que estas prácticas fueran fáciles!)

2. **El Guerrero Espiritual coopera con todo.** Sabes que no tienes el control, pero parece como si lo tuvieras.

3. **El Guerrero Espiritual lo comprende todo.** Esto no quiere decir que tú puedas explicar todo lo que sucede adentro tuyo; solamente necesitas despertarte a tu experiencia de ello. Entonces se da la comprensión.

Introduccíon

4. **El Guerrero Espiritual siente entusiasmo por todo.** Cuando te abres al Espíritu, su energía te inunda y recuperas el milagro y el asombro por la vida.

5. **El Guerrero Espiritual siente empatía por todo.** Los demás están pasando por las mismas tribulaciones que tú, así que no tiene sentido sentirte superior o inferior.

El plan de este libro

Cuando incorporamos estas características a todo lo que hacemos, ellas nos impulsan hacia nuestra intención. Pero la tarea de desarrollar estas características y de convertirnos en Guerreros Espirituales es formidable. El objetivo de la Primera Parte de este libro es ayudarte a que te despiertes espiritualmente, a que identifiques y despejes tus "adversarios internos", como por ejemplo los comportamientos adictivos, y a que te equipes con tus "armas espirituales". Piensa en la primera parte como una base de entrenamiento para Guerreros Espirituales. Con la Segunda Parte se intensifica tu entrenamiento, a medida que desarrollas las habilidades más sofisticadas del Guerrero Espiritual. Finalmente, Un Diario de Quince Días, con el que concluye este libro, representa una forma de entrenamiento avanzado que te permitirá poner en práctica los principios aprendidos.

Cuando comiences tu entrenamiento para convertirte en un Guerrero Espiritual recuerda que su propósito es afirmar y fortalecer lo mejor que hay dentro de ti, y apoyarte a que coseches la abundancia que te puede brindar este mundo. Recuerda también que es posible que lo que

John-Roger

deseas en este momento no sea lo que desees cuando llegues a realizar tu ser interno, tu Ser Verdadero. Pero eso lo irás descubriendo a medida de que te internes en este camino. Todos pueden conseguir el manto del Guerrero Espiritual, pero eso exige un proceder diferente en la vida, uno que puede resultar desafiante. Quienes practiquen el arte del Guerrero Espiritual comprobarán que las recompensas son enormes.

PRIMERA PARTE

RECLAMANDO TU TERRITORIO INTERIOR

Capítulo 1

Soltar el control

La raíz de nuestras adicciones emocionales es
la estructura de nuestras creencias
que nos debilitan continuamente,
diciéndonos dos cosas:
(1) Que nos quedaremos solos y abandonados, y
(2) que perderemos el control de la realidad.

John-Roger

Mucha gente me han preguntado: "¿Quién te ha dado autoridad para hablar?" Después de todo no soy ni rabino, ni sacerdote y tampoco tengo un puesto "oficial". Pero yo podría preguntar: "¿Quién te ha dado a ti autoridad para preguntar?" La "autoridad" para preguntar y hablar está dentro de nosotros. Digo lo que digo porque puedo.

Muchos nunca hablan porque no tienen confianza en sí mismos o porque tienen miedo de las reacciones de los demás. Cuando no estamos alineados con nuestra Alma necesitamos del mundo exterior para validar nuestra postura religiosa o espiritual. Queremos algo "oficial" que nos asegure que estamos en el camino correcto. Cuando sufrimos, a menudo pensamos que es un castigo, algo "que Dios me hizo". Esa es una forma de inmadurez espiritual que nos separa de lo mejor de nosotros.

A medida que maduramos espiritualmente nos ponemos en contacto con la naturaleza de nuestra Alma. Participamos. Nos damos cuenta de que el mundo es la pantalla sobre la cual nos proyectamos, de manera que si vemos fallas afuera, somos nosotros los que necesitamos cambiar, y ese cambio solamente puede suceder cuando descubrimos nuestra propia naturaleza, la parte Divina dentro de nosotros.

Tú eres la primera causa y el primer efecto. Tú eres la última causa y el último efecto. Por eso, el único lugar donde se puede llevar a cabo ese cambio es dentro de ti. Puedes permitirte la ilusión de cambiar cosas en el mundo, pero si no las cambias dentro de ti no habrá un cambio verdadero.

Soltar el control

Las cartas podrán haber sido barajadas y estar en distinto orden, pero son las mismas cartas, con los mismos dibujos. Si queremos ponernos en contacto con nuestro yo espiritual, y al hacerlo, recibir los beneficios del mundo exterior, el Alma debe regresar a Dios y transformarse en co-creadora. El primer paso para reclamar nuestro territorio interior con el fin de convertirnos en co-creadores y Guerreros Espirituales es confrontar nuestras prácticas habituales o "adicciones" que nos impiden el progreso.

Adicciones diarias

Ya sea que te guste o no, tú interpretas la vida de acuerdo a tu sistema de creencias. Aun cuando creas que tus creencias son mejores que las de los demás, más flexibles, más abiertas, siguen siendo creencias. Si pones agua en un vaso y luego la pasas a una taza, ¿qué diferencia le hace eso al agua? Obviamente ninguna. El agua sigue siendo la misma; lo único que cambió es el recipiente. De la misma manera, lo Divino ha sido siempre Divino, pero los seres humanos lo han negado jugando el juego de la alienación y la separación. Y han jugado el juego tan bien que han quedado atrapados en él.

Una de las formas de quedar atrapados es a través de nuestros comportamientos adictivos. Cuando nuestros hábitos se arraigan tanto que no podemos escaparnos a ellos, es que se han transformado en realidad en adicciones. El sistema nervioso se acostumbra a los patrones con gran facilidad. En un instante podemos entrenarnos para necesitar cigarrillos, alcohol o para no poder vivir sin chocolates; desarrollamos adicciones y dependencias de todo tipo, a nivel físico y emocional. Es tan fácil que sorprende y asusta.

Observa tus adicciones diarias y verás qué cierto es esto. Si lo primero que haces todas las mañanas es bajar los pies de la cama y ponerte las zapatillas, primero la izquierda, luego la derecha, detente. La próxima vez ponte primero la zapatilla derecha, luego la izquierda. Y no solamente eso, baja los pies del otro lado de la cama. Cuando empieces a interrumpir tus hábitos, te dejará asombrado lo raro que se siente todo, y pensarás: "Hoy no me siento sincronizado conmigo mismo". ¿Por qué? Porque estás rompiendo el molde, la rutina, y estás cambiando tu enfoque.

Pero comparados con las adicciones emocionales, los hábitos físicos son fáciles de cambiar. Una relación infeliz puede convertirte en soltero de por vida. La raíz de nuestras adicciones emocionales es la estructura de nuestras creencias, que nos debilitan continuamente diciéndonos dos cosas: 1) que nos quedaremos solos y abandonados, y 2) que perderemos el control de la realidad.

El control, la adicción dominante

El miedo a perder el control es la motivación más poderosa del ser humano. El control es la adicción dominante. Contrariamente a lo que piensa la mayoría, no es la falta de valentía la que nos impide avanzar; es el miedo a perder el control. Queremos controlar, y cuando sentimos que no podemos hacerlo, nos paralizamos, nos detenemos. La persona que teme perder el control es como un ciervo atrapado por las luces de un automóvil: en lugar de correr a esconderse, se paraliza.

Soltar el control

En cierta medida, todos somos fanáticos del control. Queremos controlar lo que sucede para estar siempre seguros del resultado. Nos ponemos presión para dominar lo que sucede en nuestras vidas. Pero no logramos controlar; lo que logramos es presión.

Lo que estamos diciendo en realidad cuando intentamos controlar es: "Tengo miedo de no alcanzar el éxito". De una manera muy sutil, ese miedo es una forma de ateísmo, porque lo que nos dice es: "No existe Dios que te ayude". Entramos en duda, y nos paralizamos una vez más.

Cuando dudamos estamos diciendo: "No sé". Y nuestro miedo nos susurra: "No se puede saber . . . no tienes el control".

Los guerreros espirituales transforman la duda en una herramienta. No tratan de controlar la duda, pero se rehúsan a permitir que la duda los domine. La utilizan de la misma manera que se usa una cerca a lo largo de un precipicio, es decir, para marcar un límite entre el camino y el vacío. Tan pronto como entres en duda regresa sobre tus pasos, hasta que te encuentres nuevamente en tierra firme.

Hazte amigo del miedo

Los seres humanos somos seres complejos, tenemos muchas facetas distintas. Cuando tenemos miedo, el miedo lo domina todo. Nos paraliza.

Pero es porque no nos quedamos quietos en el miedo. No tenemos paciencia. No nos permitimos estar presentes en la realidad. Nos enganchamos a una relación, una idea, un símbolo, cualquier cosa que nos distraiga del miedo y nos impida relacionarnos y hacernos amigos de su energía.

John-Roger

Pero no hemos catalogado bien este miedo. No es solamente miedo; también es una expresión de lo Divino, así como todo es una expresión de lo Divino. Lo Divino es tan poderoso que si nos fuera presentado como nosotros queremos, arreglado ordenadamente en una fuente, en porciones pequeñas, fáciles de tragar y digerir, no lo reconoceríamos. Así que se nos aparece como un huracán, como un maremoto. Y decimos: "¡Ay, Dios mío!" Y eso es exactamente lo que es.

Pero si te das cuenta de que el maremoto es solamente una alegoría y que no puede causarte daño, puedes quedarte quieto y no hacer nada. Te envuelve y tú te das cuenta de que estás en el centro de lo Divino. ¡Y pensar que hasta ahora le habías tenido miedo!

La experiencia es similar a la de un chico que no se anima a invitar a cierta chica a bailar, porque tiene miedo a ser rechazado. Mientras tanto ella está esperando ser invitada; es por eso que está allí. Pero el miedo al rechazo es mayor en él que el deseo de bailar. De la misma manera, lo Divino está esperando nuestra invitación, y no lo invitamos porque también nosotros tenemos miedo al rechazo, a la pérdida del control, al abandono, a la soledad.

Hazte amigo del miedo. Cuando aparezca, dile: "Entra y toma asiento, amigo. Déjame conocerte". Siéntate junto a él. Obsérvalo. Di: "Este es el miedo; él es mi amigo".

La mayoría de nosotros considera que el miedo es un enemigo. ¿Cómo podría ser nuestro amigo? Lo es porque te revela su gran poder: que sepas que no es más que un velo que oculta lo Divino a nuestros ojos. No nos hemos

Soltar el control

permitido ver y conocer el poder, porque aparece disfrazado de miedo. Si alguien se te acercara y te dijera: "Te voy a revelar el gran poder del universo", ¿lo considerarías tu enemigo?

Soltar el control

Una vez que entendemos que no podemos tener el control sobre nada, podemos entregarnos, rendirnos a lo que es el control. Es Dios. Y nosotros podemos dejarlo que continúe manejando el universo. A veces percibimos el poder oculto de Dios, pero lo sentimos como miedo y nos contraemos. No hay nada en Dios que deba inspirarnos miedo. El miedo es solamente el nombre que le ponemos a nuestro sobrecogimiento o tal vez a nuestro desconcierto cuando sentimos Su poder, un poder que no podemos comprender y entonces tememos estar perdiendo el control.

Todos queremos vivir la vida y experimentar y su vitalidad. A la vez, todos queremos una vida bien segura y sin contratiempos, que tengamos bajo control. Pero cualquiera que haya sentido miedo de hacer algo y que lo haya hecho de todas maneras, ha abrazado al enemigo. El miedo se convierte entonces en confianza y en satisfacción por el logro. Esas personas quieren repetir la experiencia. La primera vez ésta puede haber sucedido por accidente o por un golpe de suerte, pero la segunda vez será algo elegido. Y cuando tomamos la decisión de hacer algo, nos liberamos en ello. No nos liberamos *de* ello, nos liberamos *en* ello.

La entrega perfecta es la protección perfecta

A menudo necesitamos soltar o entregar el control para poder recibir lo que hemos estado pidiendo. La mayoría de la gente ve la entrega como algo negativo; piensan que implica una derrota. Pero míralo desde este punto de vista: entregarte o rendirte es protegerte de seguir siendo dañado o de continuar sufriendo. Cuando un país se rinde, la reconstrucción del mismo comienza inmediatamente. Los países que siguen dando una batalla imposible y no se rinden, continúan desplomándose, destruyéndose. Cuando yo era pequeño la palabra que usábamos era "tío". Cuando uno se peleaba con alguien y lo vencía, lo botaba al piso y lo tomaba prisionero. Y cuando el otro decía "tío", uno le dejaba ir y la pelea terminaba. Entregarse es dejar de pelear. No es cobardía. A menudo prueba ser la elección más sabia de todas.

Creencias versus realidad

Nosotros debemos continuar madurando. Crecer y expandirse es parte de nuestra naturaleza. Y cuando dejamos de crecer y de expandirnos sufrimos de dolores, de angustia, porque nuestra naturaleza nos presiona y nos exige que crezcamos. Tenemos miedo a cambiar; luchamos desesperadamente por quedarnos en un nivel que nos es familiar, que conocemos para continuar igual que siempre. Pero eso es una mentira. La vida no funciona así.

Ahora que sabes que el control es la adicción dominante y que estás preparado a soltar el control, a sentir miedo y seguir adelante, conoces uno de los secretos más importantes del Guerrero Espiritual: *la Expansión en medio de la contracción*.

Secreto del Guerrero Espiritual: Expansión en medio de la contracción

Pensar negativamente, sentirse víctima de las circunstancias, aferrarse al dolor, quejarse, todos estos son estados de contracción que nos apartan de la conciencia.

El enemigo número uno del Guerrero Espiritual es la resistencia. Resistir es el estado de contracción último porque crea discordia, enfermedad y violencia. Cuando nos resistimos a nuestra propia naturaleza divina, cometemos un acto de violencia contra nosotros mismos. Irónicamente, cuando nos resistimos a nuestra naturaleza *negativa*, también cometemos un acto de violencia. Para la gente que busca el sendero de la conciencia, la resistencia puede convertirse en un escalón que los acerca a su objetivo o en un obstáculo.

Pero es imposible vencer a la resistencia resistiéndose a ella.

El Guerrero Espiritual vive la vida espontáneamente, dejando ir cualquier cosa que lo mantenga atado. La persona común y corriente quiere justificarlo todo, quiere ser reconocido por sus logros y culpar a los demás cuando algo no le sale bien. Si no encuentra una razón, la inventa, y en su mente, esa razón es siempre perfecta. Si la razón es refutada, encontrará otra que reemplace a ésta.

Por lo tanto, ésta es la clave: *Olvídate de tus razones; ellas siempre serán perfectas*. No significan nada. Las razones nos hacen permanecer en un estado de contracción. No necesitas justificar tu vida. Vive y punto. Sé espontáneo y haz lo que tu corazón te incite a hacer. No hace falta que esperes a que todo esté perfecto para que puedas relajarte y descansar. Relájate y punto. No hace falta que alguien te haga reír. Ríete y punto. Es tan sencillo y sin embargo no lo hacemos . . . porque todos tenemos razones para no hacerlo.

En última instancia, la forma de expandirnos es dejando ir la resistencia.

Capítulo 2

Aceptar al enemigo interno

Tenemos que internarnos en la parte oscura de nuestro ser
y amar esa parte oscura.
Porque amar es la llave del reino.
Y debemos asumir
y aceptar
que es parte de nosotros.

Como Guerreros Espirituales no podemos transformarnos en víctimas, pase lo que pase. Eso no significa que no podamos decir "basta". Pero no debemos decirlo en actitud de víctima. Por otro lado, a medida que vivimos nuestra vida y tratamos de lograr cosas, a menudo nos encontramos con gente, un esposo o esposa, un jefe, un hijo, un pariente, un vecino, y descubrimos que aunque hayamos tratado de comportarnos honorablemente, hay quienes se perciben a sí mismos víctimas de nuestros actos. El Guerrero Espiritual borra todas las trazas de victimización.

> **Sentirse víctima significa permitir que tus emociones dicten tu conciencia. ¿Cómo sucede? Hay una parte oscura en nosotros, y debemos aprender a confrontarla. Esa parte oscura es enemiga de nuestras mejores intenciones. Es como un diablito que se sienta sobre nuestro hombro y nos susurra al oído. Nos dice cosas negativas sobre el mundo, sobre otra gente. Nos dice cuán malos son de verdad. Nos dice las cosas horribles que hacen.**

El inconsciente

De acuerdo con la psicología clásica, cuando le dices a los demás las cosas horribles que ellos hacen, estás proyectando. Veo pruebas de esto todos los días. Por ejemplo, recibo cartas de gente de todas partes del mundo contándome las cosas horribles que otros les han hecho,

Aceptar al enemigo interno

cosas que los han herido y que les han dificultado el crecimiento espiritual. Pero, a menudo, cuando investigo la situación por mi lado, me encuentro con que la queja es totalmente infundada.

¿De dónde aparecieron esas vívidas impresiones de maltrato y crueldad? Aparecieron de adentro de las personas que se están quejando. Ellos tienen sentimientos reprimidos de resentimiento y daño que se han centrado totalmente en otro persona. A las víctimas siempre les parece que las emociones que han proyectado sobre el enemigo vienen del enemigo. Proyectar es deshumanizar. Si declaramos que una persona está esencialmente equivocada y es mala, sentimos que cualquier cosa que le hagamos es justificada, porque se la merecen.

Si vamos a hacer algo que valga la pena en el planeta, para nosotros y para otros, tenemos que estar atentos a estos estados mentales insidiosos, que sabotean todas nuestras acciones positivas: la víctima y el enemigo interior. Tú te transformas a ti mismo en víctima. ¿Y quién es el enemigo? Tú. ¡Tú eres el enemigo y la víctima al mismo tiempo!

Una de las mejores historias que conozco es la del Hijo Pródigo. En esta parábola el menor de dos hijos le pide a su padre que le entregue su herencia. Una vez que la recibe, viaja a un país distante y allí despilfarra toda su fortuna bebiendo y parrandeando. Y cuando se encuentra en total pobreza resuelve regresar al hogar de su padre y pedirle misericordia.

Su padre lo recibe con los brazos abiertos. Pero el hermano mayor, que ha trabajado duramente durante todos esos años, amando y sirviendo a su padre, no está nada de contento con el regreso de su hermano. Considera que los honores ofrecidos a su pródigo hermano son un tácito insulto hacia él.

Poniendo la historia en un marco psicológico podemos entender mejor el proceso de la proyección. Hay una parte tuya que sale, se divierte, baila y parrandea y se gasta todo tu dinero. Y hay otra parte tuya que es honorable, inquebrantable, que trabaja y obedece todas las reglas. Son dos partes de la misma personalidad. La parte honorable, el hermano mayor, dice: "No quiero que este renegado vuelva a nuestra casa". Pero el Alma, la mediadora de nuestra personalidad, dice: "Espera un minuto. Esta parte tiene derecho a estar aquí, tanto como tú. Este es su hogar, así como es el tuyo". Y lo aceptas a regañadientes. Y cuando ves a alguien que hace algo parecido a lo que tu parte oscura hace, proyectas tu juicio de tu parte oscura a esa otra persona, aunque tal vez esa persona no esté haciendo lo que tú crees.

Para ser más claro y tener mejor control de ti mismo, no puedes rechazar tu parte oscura. Debes abrazarla como a tu hermano, como a la otra parte de tu personalidad. La Biblia dice: "Deja que Dios perfeccione en ti lo que fue empezado". ¿Qué significa "perfeccionar"? ¿Es parte de un plan utópico? ¿Significa que no te ensucias los pies, que caminas sobre el agua, que flotas en el aire? La palabra

Aceptar al enemigo interno

"perfeccionar" viene del arameo y significa "completar". El estado perfecto no es un estado superior, sino un estado completo.

La primera de las cinco características del Guerrero Espiritual es la aceptación. Si ves una parte en ti y dices: "Esa parte tiene pensamientos inapropiados. Esa parte desea hacer cosas inapropiadas. Esa parte me dice mentiras. Si la gente supiera lo que pienso y lo que deseo no me volvería a hablar nunca más. ¡Soy una persona horrible!" ¿Qué dice eso de tu nivel de aceptación? Los Guerreros Espirituales no se irritan con las limitaciones de la naturaleza humana. No luchan para liberarse de su lado oscuro, y cuando lo aceptan, los grilletes que nos encadenan a él parecen desvanecerse.

Nuestro peor enemigo

Hay gente buena que vive en este planeta. Y sin embargo miramos con cara rara a alguien que dice: "Yo soy una buena persona". Nos sentiríamos más cómodos si dijera: "Soy una persona mala, llena de defectos". No entiendo esta forma de pensar. ¿Por qué no puede alguien confesar su bondad? ¿Por qué es inusual confesar cuán bueno eres, cuán espiritual, y cuán hermoso? ¿Por qué confesarías sin titubear que eres una persona horrible, que estás desperdiciando tu vida o que estás lleno de culpa y ansiedad?

El Guerrero Espiritual no tiene tiempo para dedicarle a la falsa modestia y a la falta de auto-estima. Entiende que puede que no seas digno de Dios, pero eres valioso para Dios. ¡Sin conocerte, te puedo asegurar que eres valioso! No importa que seas un pecador o un ignorante, eres valioso.

Si te rehúsas a aceptar tu propio valor, tu propia bondad y tus propias habilidades, el camino del Guerrero Espiritual no es para ti. Es tan importante tener una buena opinión de ti mismo, como la tiene Dios de ti. Sin ella no llegarás nunca a la conciencia elevada. Llegarás únicamente a sentimientos de falta de valor y dignidad. Y cuando declaras que no eres valioso, estás negando el amor de Dios por ti; no le estás dando una oportunidad de que te ame.

Tu destino—lo que tienes que aprender y hacer aquí—está dentro de ti. También dentro de ti está tu lado oscuro, así como el enemigo. ¡Cuán difícil es aceptar que la luz y la oscuridad pueden y *deben* coexistir dentro de nosotros!

La Biblia dice: "Buscad primero el Reino de los Cielos y el resto os será dado por añadidura". ¿Qué significa esto para la gente? Que primero hay que tener el Reino de los Cielos, y luego se te dará todo lo demás. Pero lee ese pasaje una vez más. No dice eso en lo absoluto. Dice *buscar*, no *tener*.

Tomar contacto con nuestra creatividad

A medida que buscamos, ¿qué encontramos en este "Reino de los Cielos"? Poca gente lo sabe: lo que buscamos es creatividad. ¿Y de dónde surge la energía que la creatividad requiere? De ese enorme pozo negro que es el inconsciente.

Cuando nos ponemos en contacto con el inconsciente—y eso puede ser desencadenado de muchas maneras: a través de un aroma, un movimiento, un color—se emite energía. Nuestro ego trata de suprimir esa energía, porque le teme a la novedad y a la libertad que ella ofrece. Pero

Aceptar al enemigo interno

si nos abrimos al inconsciente y permitimos que su contenido salga a la luz, en algún momento estallará por sí solo, y en el peor de los casos lo hará en la forma de una desviación psicológica o de una enfermedad física.

Pero cuando se accede a él de la manera apropiada, el inconsciente es un depósito de riquezas. Necesitamos internarnos en nuestra parte oscura y amarla, porque amarla es la llave del Reino. Y debemos reconocer que ella es una parte nuestra.

A menudo he oído decir: "Una vez que confesé mi ignorancia y acepté la parte oscura y desconocida en mí, me sentí increíblemente libre". Por supuesto que se sienten libres, porque ya no necesitan suprimir esa enorme energía, ni bloquear al Espíritu; en vez de eso, prosperan en él. No necesitan decir: "Rechazo esta parte; no es y no puede ser, una parte mía". En cambio dicen: "Esto es quien yo soy verdaderamente y es donde estoy en este momento".

Los niños son, para mí, como ventanas a la inmensa energía del inconsciente. Hay una niña en mi vida: Claire. ¿Saben lo que Claire hace conmigo? Lo que ella quiere. Se siente tan relajada, tan libre cuando está conmigo, que es sorprendente. Si yo me resistiera a ella, tratándola como un adulto o como a un oponente, si tratara de cambiarla o mejorarla, no solamente estaría yo haciendo algo absurdo, estaría también perdiendo la brillantez, la belleza y el asombro de ella. Negarla sería como negar a Dios. Sin embargo, admitir su cercanía con Dios no significa que ella no se ensucie la ropa cuando juegue.

John-Roger

Los niños nos podrían enseñar tantas cosas si tuviéramos el buen sentido de darnos cuenta de que son maestros. Dentro de Claire está el gran inconsciente. Ella accede a él automáticamente; lo conoce, recibe energía de él y es allí donde obtiene su independencia. Es un pequeño ángel, y una pequeña tirana a la vez, y consigue todo lo que quiere. Yo podría fácilmente sentirme una víctima cuando me interrumpe, pero estaría entonces negando toda la bondad y la belleza que ella me brinda.

¿Y por qué no relacionarme con todos de la misma manera que me relaciono con ella? ¿Por qué sentirme una víctima de cualquier persona, joven o vieja? No significa que necesites relacionarte con todos. Tú eliges en qué grado te involucras. Pero si no reconocemos nuestra irritación o nuestra alegría, y aprendemos a manejarlas, ellas nos volverán locos. Nos pondremos nerviosos, irritables, enojados. Tendremos ataques de terror, ansiedad o depresión. Todos esos sentimientos son señales de que hay partes de nosotros que no hemos reconocido.

Tal vez estés pensando: "¡Pero no tienes la menor idea por las que he pasado, mis luchas, el trabajo que he pasado en mi vida!" Te entiendo, pero recuerda que todos hemos luchado. No son los problemas o el dolor que has vivido los que te convierten en alguien especial. En cada ocasión tenemos una sola opción: Aceptarla. Cuando todo te haya salido mal, cuando todo sea un desastre, siéntate y di: "Me amo de todas maneras".

Decirlo una sola vez no es suficiente. Tal vez seas tan vulnerable como antes de decirlo. Así que una vez que comiences, sigue adelante sin mirar atrás. Si miras atrás

Aceptar al enemigo interno

lo único que verás es territorio que no te es familiar, y tu miedo dirá: "Tú no sabes qué está pasando, no sabes a dónde vas, no sabes cómo llegaste aquí".

Algo más sobre víctimas y enemigos:

> **Lo que presento al exterior no es mi verdadero ser. Me ves bajo una luz reflejada. Pero no soy luz reflejada, yo soy la Luz. Y también lo eres tú.**

Así que nunca te tomo por lo que veo en ti, sino que acepto tanto tu esencia como la forma en que te presentas a mí.

Amar al enemigo interior

¿Puedes enfrentar a un enemigo y decirle: "Te amo"? ¿Especialmente a un enemigo terco que está dentro de ti? Sí, puedes. Y te diré lo que sucede cuando lo haces. Una vez que realmente aceptas tu parte oscura, ella te ayuda. Y en lugar de terquedad tienes perseverancia. La oscuridad se transforma en el momento en que la aceptas, y todo el poder que te estaba bloqueando se transforma ahora en el poder de la ascensión, de la elevación.

> **Cuando te sientes verdaderamente negativo y lo comentas (no como una víctima sino como una forma de enfrentar al enemigo y de amarlo) estás diciendo: "Todo surge de Dios". Todo. Eso incluye lo negativo también. Negativo no significa malo; transformamos las cosas en malas cuando las juzgamos.**

Pensamiento crítico

Una vez un conocido me dijo: "¿Esto es pensamiento positivo simplemente?" Le contesté: "¿Qué quieres decir con simplemente?" Pero no, no es lo mismo. Si practicas el pensamiento positivo, sentirás que fallaste cuando te encuentres pensando negativamente. Y puede ser desalentador, especialmente si te pareces a mí, con mi tremendo talento para pensar negativamente.

Yo prefiero practicar el pensamiento crítico. No quiero decir "crítico" en el sentido de "criticar". Pensamiento crítico es el proceso de examinar posibilidades, buscar resultados posibles. Se transforma en negativo únicamente si le proyectas emociones. Pero si puedo utilizar mi intelecto observando, mirando, clasificando, puedo transformar las posibilidades en algo de verdadero valor que puedo utilizar.

¿Cómo funciona esto? He aquí una pequeña metáfora. Entras a una habitación oscura, buscando algo. No sabes exactamente dónde está. En lugar de recorrer toda la habitación a oscuras buscándolo, el pensador crítico busca primero el interruptor de luz. Cuando la habitación está iluminada es fácil encontrar lo que buscas.

Practicar el enfoque positivo

La dirección del pensamiento crítico es positiva, pero no es pensamiento positivo; entonces, ¿qué es? Es un enfoque positivo. ¿Por qué enfoque positivo en lugar de pensamiento positivo? Con el pensamiento positivo podemos ahogarnos mientras nos decimos que todo marcha muy bien. Con el enfoque positivo nos decimos que

Aceptar al enemigo interno

todo andará bien, tan pronto como lleguemos a la costa. Entonces nos enfocamos en la costa, y comenzamos a nadar. Decimos: "Me estoy aproximando a la costa. La veo. Si me aparecen pensamientos negativos. no les permitiré que me detengan porque puedo ver mi objetivo. Puedo maniobrar alrededor de la negatividad y mantenerme en mi posición positiva. Tal vez necesite tener acceso a mi enemigo para elevarme. Puede que me haga su amigo, y que lo use en beneficio propio".

¿Cómo puede ayudarnos algo negativo? Supongamos que estás haciendo un trabajo importante y suena el teléfono. Se te olvidó conectar la contestadora y la persona que está llamando sabe que estás allí. Tienes la opción de irritarte y contestar de mal humor o usar la llamada para recordar que necesitas descansar un momento, respirar hondo, relajarte un instante y decir una breve oración por tus hijos.

Transformarse en un ser entero

Estoy convencido de que todas las cosas negativas que hacemos o que oímos, o que otras personas hacen, tienen básicamente dos motivaciones primarias: quiero dar amor o quiero recibir amor. Entonces, ¿por qué no dejamos inmediatamente de lado el fracaso, los subterfugios, las decepciones, y vamos directamente al amor?

No podemos ir a ningún lado del mundo del Espíritu sin llevar todo nuestro ser con nosotros. Es nuestra totalidad, y eso incluye todas las facetas de la personalidad y del Alma. Cuando comenzamos a transformarnos en seres enteros y completos, la bondad de Dios comienza a fluir hacia arriba y hacia afuera, y arrastra a la personalidad.

John-Roger

Eso no quiere decir que el lado negativo no nos moleste de vez en cuando. Pero si reconocemos el lado negativo, este pierde su poder y deja de controlarnos.

¿Alguna vez hiciste algo y luego dijiste: "¡Qué pérdida de tiempo!"? Por supuesto. Pero con un enfoque positivo puedes decir: "No fue una pérdida de tiempo. En ese momento me equivoqué, y la próxima vez tendré la libertad de hacerlo bien". Pero si defiendes tu error, justificándolo con razones y excusas, no puedes seguir avanzando en la vida; has quedado atrapado en tu error.

Cuando se entrena a un elefante pequeño, el entrenador le pone una larga cadena alrededor de la pierna y lo ata a una estaca plantada en el suelo. El elefantito trata de zafarse una y otra vez, hasta que se da cuenta de que no se puede escapar. Hacen esto durante dos o tres años, y finalmente toman una estaca pequeña y atan al elefante a ella con una cuerda. El elefante utiliza su propia experiencia y deja de tratar de zafarse. Un enorme animal cae víctima de una débil cuerda, y está tan prisionero como si estuviera atado con la cadena más fuerte.

Cuando nos sentimos víctimas nos comportamos como el elefante. Actuamos como seres humanos, hablamos como seres humanos, pero respondemos como un animal. Y todo lo que nos hace falta es un punto de vista distinto, un pensamiento nuevo, para liberarnos completamente.

Una vez que amas al enemigo interior, una vez que lo abrazas, el enemigo se transforma y te ofrece su poder. Ese es el instante más rico de tu existencia. La habilidad de hacer, la fuerza para hacer y la energía para completarlo todo; esa es la verdadera riqueza. Y de allí surgen nuestra salud y nuestra felicidad.

Herramienta del Guerrero Espiritual: Despejar el inconsciente con la Escritura Libre

El inconsciente es una de nuestras influencias más poderosas porque, por su misma naturaleza, no podemos darnos cuenta de cómo nos afecta hasta que él aflora. Podemos encontrarnos pensando, sintiendo y haciendo cosas que no podemos explicar, o experimentando enfermedades o dolores cuya causa ignoramos. La extensión del inconsciente es imposible de explorar. Marca la división entre nuestra conciencia despierta y nuestra verdadera naturaleza espiritual. Para ser conscientes del Alma debemos cruzar la frontera y entrar al inconsciente. Al hacerlo, perdemos parte de nuestra conciencia diurna. Es por eso que tanta gente habla de su naturaleza espiritual, pero son pocos los que tienen conciencia de ella como una experiencia viviente.

La intención principal de los Guerreros Espirituales es ser conscientes de su naturaleza espiritual. He expresado mi propia intención así: "Tengo los ojos puestos en Ti Señor, solamente en Ti". Tal vez quieras expresar esta intención con diferentes palabras, pero la idea básica será la misma para todos nosotros.

Durante años he utilizado la escritura libre para ayudar a despejar el inconsciente. Este es un proceso muy sencillo. A continuación describo la forma en que yo lo hago; puedes modificar mis sugerencias y adaptarlas a tus propias necesidades.

1. *Encuentra un lugar tranquilo, y siéntate con un bolígrafo y papel.*

Te recomiendo que prendas una vela. A veces cuando escribes, puede aparecer negatividad emocional y desparramarse por la habitación. Como la negatividad tiende a ir hacia la llama, esto ayudará a mantener la habitación limpia y la negatividad lejos de ti.

Una cosa que no se hace durante este proceso es dejar que el bolígrafo escriba y luego leer lo escrito. Eso se llama escritura automática, y es un proceso muy distinto.

2. *Deja entrar un pensamiento en tu mente y transfiérelo al bolígrafo.*

Tal vez no hayas terminado de escribir un pensamiento cuando aparece el siguiente. Por ejemplo, pensaste "ir a comer juntos". Cuando estás escribiendo "juntos", y llegaste a j-u-n . . . y en ese momento se te ocurre la palabra o el pensamiento "ayúdenme", y tal vez escribas a-y-d-n-m, eso no importa, porque tú sabes lo que significa.

Herramienta del Guerrero Espiritual: Despejar el inconsciente con la Escritura Libre

Es importante que no hagas escritura libre en una computadora o una máquina de escribir. La escritura libre es una actividad de energía cinética, es decir, los impulsos nerviosos de los dedos son enviados al cerebro de manera que la escritura libera y registra los patrones del inconsciente. Yo los llamo "pelotas de playa", cosas que hemos suprimido durante mucho tiempo, y hemos gastado energía en mantenerlas bajo la superficie. Pueden acarrear emociones muy fuertes. Así que a veces puede ser que escribas con mucha fuerza. Por eso no recomiendo que escribas con lápiz, porque se suele romper la punta y se interrumpe el flujo.

A veces te encontrarás escribiendo a toda velocidad, y otras veces escribiendo lentamente. Pero durante todo el proceso no debes parar de escribir, porque siempre hay pensamientos presentes en tu mente, y debes escribirlos, aun si no son más que: "¡Qué increíble lo que estoy haciendo! ¿Qué debería escribir a continuación?"

3. *Cuando termines de escribir, no leas lo que escribiste. Rómpelo y quémalo.*

Cuando hayas estado escribiendo durante un tiempo, comenzarán a aparecer pensamientos hermosos, inspiradores, que querrás conservar. Y cuando hayas terminado de escribir no recordarás dónde están esas partes hermosas, y querrás leer todo hasta que las encuentres. No lo hagas, porque la energía y la negatividad que liberaste en el papel pueden regresar a ti si relees el texto. En vez de eso, cuando estés escribiendo y los pensamientos fluyan, separa los papeles en los cuales escribiste pensamientos bellos y ponlos a un lado. Cuando termines la sesión puedes volver a anotarlos en un libro especial. Y luego puedes romper y quemar todos los papeles.

4. *Debes saber que no te estás entregando a nada a través de este proceso porque tú estás en control de todo lo que sucede.*

A medida que escribes, podría suceder algo magnífico. Debido a que la escritura es a menudo símbolo de confusión interna, tal vez sientas que la presión desaparece a medida que escribes. El comportamiento obsesivo, los patrones habituales comienzan a desaparecer, sin que sepas cómo ni por qué estaban dentro de ti. Lo único que sabrás es que ya no están allí. Sentirás que te liberaste de un tremendo peso. Lo más extraño es que muchas veces no sabrás que eso te pesaba hasta que haya desaparecido. Tal es la naturaleza del inconsciente.

Cuando algo desaparezca, te recomiendo que no trates siquiera de saber qué era, porque es posible que lo encuentres y se vuelva a establecer dentro de ti. Somos creadores muy poderosos. Simplemente

Herramienta del Guerrero Espiritual:
Despejar el inconsciente con la Escritura Libre

pensando en lo contentos que estamos de liberarnos de algo podemos reactivar nuestro recuerdo y ¡ya!, volvemos a tenerlo dentro.

Pongo énfasis en esto porque es muy difícil liberarse de algo por segunda vez. Hablo basado en mi propia experiencia. Una vez revisé algo y me tomó quince años aclararlo. Todos los días recordaba que seguía dentro de mí, y continuaba insistiendo. Y finalmente un día desapareció. Supe lo que era cuando desapareció por el lugar en que se expresaba en mi cuerpo. Y sonreí, y me distraje haciendo algo, para no permitirle a mi mente que fuera a ver si realmente se había liberado. Hay algo totalmente desquiciado en la mente humana. Decimos: "¿Habrá desaparecido realmente?" Y al hacerlo, lo atraemos nuevamente. Es como si dejáramos de fumar y luego fumáramos un cigarrillo más para comprobar que lo hemos dejado. Y estamos atrapados otra vez. Mi consejo es que una vez que se liberen de algo, déjenlo ir sin preocuparse más. Simplemente déjenlo ir.

5. *Nunca compartas lo que escribiste con otra persona.*

Si es necesario, cierra la puerta con llave. Si alguien golpea, no pienses que tienes que abrir. Puedes decirles previamente: "Si mi puerta está cerrada con llave, por favor no me molesten. Probablemente me tome un par de horas salir".

6. *Comienza despacio, pero ve incrementando el tiempo hasta que escribas por lo menos durante una hora.*

Lo ideal es dos horas por sesión. Cada persona es diferente, pero para notar cambios importantes, yo recomiendo un mínimo de tres veces a la semana durante tres meses por lo menos. Con práctica puedes llegar a conseguir tu objetivo en quince minutos, pero probablemente te tome un año llegar a ese punto.

La primera vez que alguien decide practicar la escritura libre se sienta y piensa: "¿Qué debería escribir?" Lo que deberías estar haciendo es escribir "¿Qué debería escribir? Esto es realmente estúpido. Parezco un tonto haciendo esto. Siento que estoy haciendo algo falso. Correr . . . no puedo . . . sí . . . el elefante estaba allí . . . no . . . las vacas saltaron . . . no puedo . . . no entiendo qué estoy haciendo . . .". Y pasar a la segunda página.

Poco a poco se desarrollará una especie de fluir y de pronto habrá saltos. Pensarás: "Me pregunto por qué escribí elefante verde". Deja de pensar. En cambio, escribe: "Me pregunto por qué escribí elefante verde". Escribir volverá a abrir tu mente y toda la información acumulada allí, que utilizaba energía, comenzará a salir.

Herramienta del Guerrero Espiritual: Despejar el inconsciente con la Escritura Libre

Los efectos de la escritura libre

He visto resultados fenomenales con la escritura libre. Hay gente que se ha liberado de patrones psicológicos restrictivos y de dolores físicos y emocionales. La escritura libre no hace mucho por tu espiritualidad, pero si te sientes más despejado y mejor contigo mismo, hay una posibilidad de que te sientas mejor haciendo ejercicios espirituales, y eso *sí* que te ayudará con tu espiritualidad. (Hablaré de los ejercicios espirituales más adelante). Una vez que tu inconsciente se sienta libre, tendrás mayores posibilidades de estar consciente de tu Espíritu.

La escritura libre es muy útil como un escalón que te acerca a la conciencia del Alma. Cuando encuentro personas adoloridas por la pérdida de un ser querido, suelo quedar atrapado en ese dolor de manera negativa. Utilizo la escritura libre para remediar la situación. Podemos sentir enorme empatía por el dolor ajeno sin necesitar ser arrastrados por él.

Dibujar no tiene el mismo efecto que la escritura libre. El proceso necesita cierta estructura. Algunos preguntan si el color del papel es importante. La respuesta es: es importante solamente si tú piensas que es importante. Una persona que conozco escribió con el dedo y obtuvo resultados. Estaba en una reunión de negocios y se sentía irritada con la gente presente; en ese mismo momento escribió con el dedo, sobre su otra mano, expresando su irritación. Al final de la reunión ya no se sentía molesta.

Practicar escritura libre es como cortar una cebolla en forma de gajos, hasta el centro. Dejamos un espacio y cortamos otro gajo, y seguimos así. Si dejamos la cebolla expuesta al aire después de cortar varios gajos y no hacemos nada al respecto, las secciones de cebolla que quedaron entre los gajos se secarán y se caerán, y al final no quedará más que una pequeña semilla. Del mismo modo, cuando nos liberamos de ciertos problemas mediante la escritura libre, hay otros problemas que comenzarán a resolverse por sí solos.

Cuando te das cuenta mediante la escritura libre que has estado acarreando mucho peso, disfruta de la sensación de libertad. Cuando algo se libera, ponte de pie, estira los músculos, experimenta físicamente la nueva libertad. Si permites que el área se ponga rígida y tensa tal vez tengas que enfrentar otro problema.

A menudo tendrás una sensación de estar achicándote, como si retrocedieras hacia tu propio centro, alejándote de las cosas; éstas se hacen más y más pequeñas a medida que te alejas. No te preocupes; eso quiere decir que te estás alejando de lo material en el mundo.

La escritura libre es una herramienta del Guerrero Espiritual sumamente útil.

Capítulo 3

Despertar

Cuando nosotros observamos,
de pronto alcanzamos un estado de paz,
y esto permite que se active la energía del Alma.
Cuando ella se activa, nosotros nos armonizamos
 con ella.
Nos apoderamos de ella
y comenzamos a navegar en esta energía
 del Alma
de regreso a nuestro centro.
De hecho, vamos más allá del tiempo.

Reclamar nuestro territorio interior -la ruta para llegar a ser un Guerrero Espiritual- significa aprender a despertarnos a nosotros mismos. Cuando tratamos de despertarnos, nos involucramos en un proceso llamado develamiento, en el que muchas cosas empiezan a salir a la superficie, y nos damos cuenta de que han estado ocupando un espacio en nuestro territorio interior. Muchos descubren que se resisten a lo que sale a la superficie, pero eso es inútil. Para poder reclamar nuestro territorio interior eficazmente, es decir, manteniendo la armonía y la estabilidad, debemos asumir un estado de *observación*, que se conoce a menudo como "desapego", aunque este término no lo describa con exactitud. A medida que vayas ganando en experiencia, te darás cuenta de que la observación es una de las herramientas más valiosas del Guerrero Espiritual.

No hagas nada

Con frecuencia, cuando comienzas a reclamar tu territorio interior, tu mente comienza a dispararse en todas las direcciones, se llena de pensamientos, recuerdos, ideas (buenas y malas, serias y triviales), y tú te preguntas qué puedes hacer en medio de toda esta conmoción. La respuesta es simplemente obsérvalo. Haz esto mismo con lo que te molesta. Cuando se te presente algo que te perturbe o moleste, sólo apártate y di: "Aquí viene la perturbación. Qué interesante". No lo tiñas de emoción ni fantasees acerca del tema.

Como Guerrero Espiritual te darás cuenta que no existe un motivo contundente para esas emociones y fantasías. En lugar de darle rienda suelta al pasado, y de paso

Despertar

transformarte en su esclavo, confronta la perturbación y la culpa del pasado por medio de la observación, y ponles fin en ese mismo momento. La mayoría de la gente piensa que cuando tienen esos pensamientos, deben *hacer* algo al respecto, que deben explicarlos, justificarlos o sentir culpa. Pero no hay nada que tengas que hacer excepto *observarlos*.

Déjame contarte un cuento.

Cierta vez una pequeña le dijo a su padre:

—Papá, hay una araña enorme en la pared de mi dormitorio.

—¿De verdad?, le contestó el padre:

—Bueno, dijo ella, en realidad no sé si está en la pared o en mi imaginación.

—Entonces, le dijo, el padre, regresa a tu dormitorio, métete en la cama y obsérvala. Ella así lo hizo, hasta que finalmente se quedó dormida. Y la araña desapareció. La situación se resolvió sola.

Eso es lo que sucede con la mayoría de las cosas en nuestro interior. Mucha gente piensa que deben saltar de la cama, agarrar un zapato y matar la araña, cuando verdaderamente lo único que tienen que hacer es observarla, dejar que desaparezca. En otras palabras, dejarla ir.

Puedes aplicar este principio a tu vida diaria. Si tienes un problema con tus hijos, observa lo que están haciendo. Reaccionar sobre la base de las emociones del momento, imponer tus prejuicios sobre cómo se deben comportar, no hará más que empeorar la situación. Observa. Ten paciencia.

Tal vez preguntes: "¿Y qué pasa con la planificación?" Está bien planificar con anticipación, pero no está bien aplicarle emoción con anticipación. Puedes utilizar tu imaginación sin proyectar emociones hacia el futuro: sin tormento o preocupación, sin anticipar problemas y, por lo tanto, sin crear problemas.

Es tan fácil torturarnos enfocándonos en nuestra negatividad, nuestros juicios, nuestra culpa y nuestra perturbación. Así que cuando aparezcan esos sentimientos, obsérvalos. Cuando tu mano se mueve frente a tu cara, obsérvala. Cuando una mosca anda revoloteando a tu alrededor, obsérvala. En cambio, muchos gritan: "¡Ay, Dios mío! ¡Ahí viene una mosca, y seguramente me va a contagiar una enfermedad!" Y salen corriendo.

Impaciencia

Somos tan expertos en lo que nos molesta que el proceso se puede llevar a cabo sin que tengamos conciencia de él, hasta que un día nos damos cuenta de que estamos llenos de resentimiento e impaciencia. Cuando la gente me dice que están llenos de dudas, generalmente encuentro que lo que les pasa es que son impacientes. A menudo no es que duden, porque no saben lo suficiente para dudar. Si no saben lo que está pasando en el universo (y con frecuencia no lo saben), ¿cómo pueden dudar? Sencillamente son impacientes, y quieren ya mismo sentir paz y satisfacción. Es parte de la condición humana.

La impaciencia es parte de nuestra negatividad que nos distrae de nuestra vida "aquí y ahora". Así que ¿qué haces con tu impaciencia? No haces nada con ella, porque la

Despertar

impaciencia te está haciendo algo a ti. Todo lo que tienes que hacer es observarla.

Si hay comida sobre la mesa y ya comiste lo suficiente, para de comer. Obsérvate. Observa lo que estás haciendo. Si tienes un dolor de cabeza, y sientes que es el peor dolor de cabeza de la historia de la humanidad, obsérvalo. Cierra los ojos y míralo. Puede ser que digas: "Pero cuando cierro los ojos y pienso en el dolor de cabeza, me duele más". Sí, cuando piensas en él. Pero pensar no es lo mismo que observar. ¡Pensar puede ser un dolor de cabeza en sí mismo! No ganamos nada atormentándonos e impacientándonos. No crecemos. Los Guerreros Espirituales queremos crecer y expandirnos. Por eso observamos.

Cuando nosotros observamos, de pronto alcanzamos un estado de paz, y esto permite que se active la energía del Alma. Cuando ella se activa, nosotros nos armonizamos con ella. Nos apoderamos de ella y comenzamos a navegar en esta energía del Alma de regreso a nuestro centro. De hecho, vamos más allá del tiempo.

Ningún cazador prepara una trampa mientras los animales lo observan. Como un cazador, la negatividad trata de atraparte con pensamientos y sentimientos negativos. Pero si estás en estado de observación, si estás *atento*, encontrarás a la negatividad desprevenida. Tú sabes dónde está la trampa, así que evítala. Y entonces la negatividad, sin energía que la apoye, se disuelve.

Observación

He dicho que la observación es la clave para dejar ir. Cuando se nos aparece algo que nos perturba, y lo *observamos* sin reaccionar emocionalmente, no perdemos el equilibrio. Recuerda que no puede suceder absolutamente nada que pueda atrapar a tu Espíritu. Afuera puede que los edificios se estén derrumbando, pero yo insisto en que no está sucediendo nada. ¿Por qué? Porque eso le está sucediendo a los edificios, no a ti.

Únicamente los seres humanos son capaces de observar la presencia de Dios en todas las cosas, inclusive en ellos mismos. Es por eso que los seres humanos son sagrados. Si pudieras entender ese hecho tan sencillo, ¡no necesitarías leer un libro de auto-ayuda nunca más! ¿Cómo podemos observar a Dios cuando estamos observando nuestro resentimiento o nuestra preocupación? ¿Dónde está Dios? Dios está en lo que es bueno. Si quieres encontrar a Dios, no pierdas el tiempo con lo que es malo; dedícate a lo que es bueno. Mucha gente dice: "He estado meditando por años, y no he visto ni una maldita cosa. Ni hadas, ni ángeles, ni destellos, ni nada". A mi me da risa. Cuando esperamos resultados con impaciencia, no nos estamos enfocando en el amor. El amor nos hará saber cuando esté presente y nos enseñará *cómo* verlo.

Una vez que nos enfoquemos en el amor, la misma esencia de la vida nos motivará en lugar de las fantasías que nos hacen pensar: "¿Qué tal será en la cama? ¿Qué automóvil estará conduciendo? ¿Qué comeremos en el desayuno mañana? ¿Podré llegar a casa antes de que el tráfico empeore?" Pregúntate, en cambio, qué estás haciendo en este instante, porque la Divina presencia está aquí.

Una vez que entras a la Divina presencia, dejas de preocuparte del pasado o del futuro. Puedes decir: "¿Mañana?

Despertar

¿Qué es el mañana? ¿Qué es la semana próxima, el año próximo? ¿Qué importa si estoy aquí o allá? Esté donde esté, estaré en esta paz radiante, amorosa, que lo ilumina todo".

Tendemos a enfocarnos en nuestros cuerpos físicos, en donde están, en cómo se sienten. La gente, cuando me conoce por primera vez, se enfoca en mi cara y en mi cuerpo, y piensa que eso soy yo. Eso me hace mucha gracia. Me han visto en fotografías, y cuando me conocen en persona desconfían si mi cara no se ve igual a la de las fotos, en las que estoy mirando al cielo. ¡Piensa en las restricciones que eso impone sobre nuestro conocimiento de nosotros mismos y de los demás!

Experimentamos los placeres sensuales del cuerpo pensando que ellos despertarán a nuestra Alma; pero ellos despiertan únicamente a nuestro ego. Puede ser muy doloroso tomar conciencia de esto. ¿Qué hago con el dolor? Me siento y digo: "¡Qué cantidad de emociones hay dentro de mí! Las siento en los hombros y en la oreja derecha". No trato de explicar o de liberarme. Simplemente observo.

Nuestros prejuicios nos entran por los ojos. Pero cuando verdaderamente *observamos* al mundo que nos rodea, es como si tuviéramos nuevos ojos. Dejamos de estar agobiados por prejuicios contra el mundo. A menudo decimos:

—Me gusta este, y este otro no me gusta.
—¿Cómo sabes?
—Porque lo miré.
—Pero, ¿lo observaste?
—No, pero yo sé lo que me gusta, ¿no? ¿Para qué tendría que observarlo?

Mira nuevamente, ya que te preguntas por qué no recibes lo que quieres. Aquello que *no* quieres es lo que atraes hacia ti cuando te enfocas en tus juicios, resentimientos y culpas.

Tal vez digas, como afirman muchos, que eres una persona sumamente consciente. Que estás observando tan intensamente, atrayendo el conocimiento y la conciencia, que se te olvida ver la experiencia en su totalidad y elevarte sobre ella. La experiencia es valiosa, pero un perro puede experimentar algo y aprender de su experiencia. Los seres humanos pueden elevarse sobre la experiencia y observarla. Aprenden más de la observación que de la experiencia en sí.

Diviértete observando. Anímate. Si cada vez que cierras los ojos todo lo que ves es oscuridad, transfórmalo en un juego. Observa cómo se ve hoy, qué hace. Pregunta si esa oscuridad es siempre negra o si puede cambiar de color. El proceso de observación puede ser divertido. La gente se queja: "Cierro los ojos y quiero ver a Dios, realmente quiero verlo, pero no aparece". Si ni siquiera puedes controlar tu mente, ¿cómo piensas que puedes controlar a Dios? No pierdas el tiempo con estos pensamientos. Observa. Mira. Ve lo que ocurre.

¿Estás empezando a comprender lo que es la observación? Observando puedes elevarte espontáneamente al amor; espontáneamente, sin necesidad de aprender cómo se hace.

Ten cuidado cuando le exiges algo al Espíritu. ¿Es tu ego o tu ambición quien habla? ¿Por qué no observas y ves qué parte de ti está exigiendo? Para cuando te enteres, ya no

Despertar

importará. Cuando observamos nos elevamos por encima del deseo y estando por encima de él, aprendemos.

La meditación practicada como observación

Despertar significa observarte a ti mismo para saber qué estás haciendo. Es el proceso más fácil del mundo. La gente se queja de que han estado meditando durante muchos años y todo lo que ven es oscuridad. Se irritan y se enojan. Pero recuerda, no necesitas *hacer* nada con la oscuridad. Abandona tus falsas expectativas de lo que significa una experiencia espiritual. Quédate en silencio y observa tu oscuridad. ¡Si pudieras darte cuenta de que Dios te está hablando a través de esa oscuridad!, pero estás tan ocupado estando tenso y resentido que no oyes la voz de Dios.

Como Guerreros Espirituales, no *juzgamos* la meditación. No juzgamos ni la mente n las emociones. Las observamos, y la observación disuelve nuestras emociones negativas. Tal vez te preguntes qué quedará cuando se disuelvan. Si preguntas, pierdes. Pero si podemos observar lo que está sucediendo y registrarlo, y luego ponerle amor, ese amor desplazará a la molestia. Es así como nos liberamos; es así como disolvemos el karma negativo.

Muchos de ustedes han comenzado el viaje del Guerrero Espiritual solos y se han encontrado con que, de manera totalmente espontánea, algo ha sucedido. Todavía no saben qué, pero algo los elevó por encima de sí mismos y los aproximó a Dios. Estoy tratando de enseñarles qué fue eso y cómo hacer para que eso suceda cada vez que mediten: internarse en Dios, entrar en éxtasis, intoxicarse con Él tanto como les sea posible.

Dejar ir

Espero haber dejado claro que el Guerrero Espiritual nunca trata de controlar la culpa, la separación y a los demás. Los observamos. La observación es un estado de desapego que nos eleva a una conciencia mayor. Nos volvemos más y más libres.

> **Cuando dejamos el centro de la conciencia Divina y nos adentramos en el mundo, debemos hacerlo como participantes observadores. Salir es participar; el resto es observar. No te preocupes si no tienes éxito la primera vez. Tendrás millones de oportunidades para trabajarlo, es decir, cada momento de tu vida.**

¿Has notado que cuando tratas de trabajar la culpa, el resentimiento, u otros problemas, no te los puedes sacar de encima? Comenzamos por racionalizar nuestros problemas, y terminamos quejándonos de quienes nos ponen obstáculos en el camino y cómo podemos librarnos de ellos. Y si nuestros padres hubieran sido mejores no hubiéramos tenido ningún problema..., y entonces decimos: "¿Por qué será que mi vida es tanto más difícil que la de los demás?"

¿Por qué no te sientas y observas tu vida, AHORA?

Si te dejas atrapar por tus emociones y pensamientos sobre lo que debería o no debería suceder de acuerdo con tus nociones preconcebidas, estás creando un modelo

Despertar

dentro de ti que te sentirás obligado a seguir. Y tratamos de poner en nuestra Alma lo que consideramos positivo, y de mandar al diablo y olvidarnos de lo que consideramos negativo. Pero ese es un juicio. Eso es catalogar y asignar un lugar. No tiene nada que ver con dejar ir.

Si lograra que observaras con tu mente y tus oídos durante no más de 30 minutos, podrías comenzar a trascender los límites de tu personalidad. Cuando comenzamos a observar *sin* enjuiciar, la respuesta que hemos estado buscando nos llega con total naturalidad.

La meditación practicada como un escuchar

La vida se nos hace difícil cuando rogamos a Dios pidiendo ayuda para todo tipo de cosas, pero no nos aquietamos para escuchar las respuestas que Dios nos da. No trates de dominar la conversación. Quédate callado y escucha por un momento. En otras palabras, *medita*. Calla y observa tu vida. Rara vez oirás algo durante la meditación. Cuando oyes algo, a menudo no es más que tu mente que parlotea sin cesar y tu meditación te parecerá infructuosa.

¿Qué debes hacer entonces? Mi consejo es: Escucha. ¿De qué te habla tu mente? Si te dice que no lavaste la ropa, ve y lávala o deja ir el pensamiento. Si realmente quieres meditar y ver a Dios, lo lograrás.

El único resultado que la mayoría de la gente consigue de la meditación es un callo en el trasero, ¡y a veces ni eso, porque no se quedan sentados durante el tiempo suficiente!

Si ésta es una buena descripción de ti, tu meditación te ha enseñado por lo menos una cosa muy útil: como *no* meditar. Si 25 o 30 años de estudio no te han aportado más que esto, tal vez quieras considerar hacer algún cambio.

Pensar que no puedes cambiar, ni siquiera es pensar horizontalmente; es pensar perpendicularmente y en dirección descendente.

Practica la disciplina de mantener tu atención centrada en un pensamiento. No te transformarás en su esclavo; al contrario, te enseñará a controlarlo. Cuando lo puedes controlar, enfocando tu atención, puedes liberar tu mente. La observación es la clave para lograrlo y, de hecho, el propósito de este libro es llevarte hacia el punto en el cual puedas liberar tu atención, y puedas así enfocarla en lo que quieras.

Cuando meditas el ego quiere sentir que ha logrado algo, después de haberse pasado tanto tiempo sentado. ¿Por qué dedicar tu valiosa atención a tu ego? Eso creará una sensación de fracaso. Te provocará ansiedades, animosidades, depresiones, y locura en general. En lugar de permitirle al ego que se haga cargo de ti, observa, y luego elige con sabiduría dónde quieres ubicar tus pensamientos y acciones.

La observación y el dejar ir te llevarán a una mayor conciencia de la realidad de la muerte, y al proceso de "dejar hacer a Dios". Y esa es la conciencia del deleite de quien somos, de la dicha que está presente.

Despertar

No es necesario que te sientes y que te "vueles" con una postura especial, las piernas cruzadas o sin cruzar, los brazos en alto, a los lados, o lo que sea. No es necesario que andes por allí diciendo: "¡Oh, soy tan feliz!" Ninguna de estas expresiones externas es importante.

Cuando entres en contacto con esa energía Divina podrás decir, aún en medio de la depresión más grande: "Me siento tan dichoso, que ya no me importa estar deprimido".

Velo de esta manera. Vas en camino a ver a tu ser amado y tienes una piedrita en el zapato. Sabes que la tienes, pero no te molesta porque estás enfocado en llegar a ver a tu ser amado. Trasciendes completamente el dolor. Esa noche cuando regresas a casa, te quitas el zapato y ves que tienes lastimado el pie. Y dices: "Me pregunto cómo me habré lastimado". Pero enseguida comienzas a soñar con tu ser amado, te olvidas del dolor una vez más y entras a la dicha de tu ser.

El ego

Nosotros, los seres humanos, no somos islas en un universo vasto y vacío. Si acaso, somos guijarros en un arroyo. Lo que consideramos nuestra extraordinaria individualidad es en realidad el ego tratando de pensar que es Dios. Nunca lo logrará, por supuesto. No tiene posibilidad de lograrlo. Todo lo que el ego puede hacer es hacerte levantar cada mañana para que vivas y experimentes este mundo. Es tu tarea aprender cómo dejar de lado al ego cuando no estás usando las cosas de este mundo. El ego no es necesario para conocer a Dios, para encontrar a

Dios, para ser consciente de lo que es. El ego es un obstáculo en el camino.

He hablado mucho de observación en este capítulo. Cuando observamos estamos en ese lugar que yo llamo pureza, pureza de pensamiento, de emoción, de contenido.

En ese momento en el que te sientes bien, en ese momento de observación, Dios se interna en ti. ¿Preguntas si es un fenómeno? ¡Por supuesto! Y una vez que lo pruebes quedarás enviciado. Sí, enviciado en el regocijo, pero al mismo tiempo con la depresión porque ella, también es parte de esta energía de Dios.

Observar nuestro ser es un proceso que nos libera, nos abre y nos expande, para que dejemos que el Espíritu fluya a través nuestro. Sí, es un milagro, pero si tratamos de participar en él a través de nuestro ego, lo bloqueamos. Por lo tanto necesitamos mantener la apertura. Tenemos que decir, sencillamente: "Señor, recibo, y agradezco". No importa qué religión practiques; todos necesitamos entregarnos a lo más alto que podamos. Todos debemos pedir protección, porque eso es realmente lo que significa entregarse; es ponerse en las manos protectoras de Dios.

Secreto del Guerrero Espiritual: Amar, la suprema intención

La progresión espiritual no se encuentra afuera, en el mundo físico. La progresión espiritual está dentro de ti. Una vez que tienes clara la intención de lograr una mayor conciencia, comenzarás a elevarte, en lugar de moverte horizontalmente. Verás que tu existencia no está limitada a este mundo. Comenzarás a vivir día a día con una mayor conciencia del presente. Los errores, las decisiones y las fantasías de ayer pertenecerán al ayer, no al hoy o al mañana.

No puedes hacer nada equivocado si estás actuando sobre la base del amor y la conciencia. Tengo tres reglas que gobiernan mi vida. Las compartiré contigo:

No te lastimes a ti mismo, ni lastimes a los demás.

Cuídate a ti mismo, para que puedas ayudar a cuidar a los demás.

Usa todo para elevarte, aprender y crecer.

A algunos estas reglas les resultan demasiado sencillas. Pero piensa en lo que cambiaría tu vida si vivieras así, realmente así. Pueden parecer una tontería, pero si aplicas estas reglas a todo lo que haces tendrás garantizada una vida plena. Tu Espíritu convergerá, y vivirás con una conciencia más elevada.

Capítulo 4

Abrazar al tirano mezquino

En nuestro entrenamiento como Guerreros Espirituales,
nos convienen los críticos.
Nos conviene tener en nuestras vidas a un tirano
 mezquino,
alguien que tenga la posibilidad de
fastidiarnos con impunidad,
porque estas personas son las que siempre nos
 están mostrando
dónde estamos ubicados con relación a nuestra
 intención.
Como resultado, pueden ayudarnos
a mantenernos alineados con nuestra intención.

La mayoría de nosotros resiste o trata de evitar la adversidad. Tratamos de evitar a la gente que no nos gusta, a los que saben irritarnos y ponernos incómodos o herir nuestros sentimientos. Carlos Castañeda los llama los "tiranos mezquinos". Él explica que el propósito de estos individuos es en realidad dejar de manifiesto nuestro sentido de importancia. Esta es una forma magnífica de ver las cosas y es la forma que utilizan los Guerreros Espirituales. Ellos ven la adversidad como una bendición, como una oportunidad de utilizar la *implacabilidad* y la *impecabilidad* para crecer espiritualmente.

Busca los tiranos mezquinos en tu vida. Ellos te incitarán a llegar al siguiente nivel de tu expresión espiritual y te ayudarán a descubrir una manera más bella de vivir la vida. Eso no quiere decir que "uses" a la gente como herramientas para tu desarrollo espiritual. Lo que estás usando es la forma en que tú te sientes con respecto a tus tiranos mezquinos. Cuando aprendas a utilizar tus sentimientos, esos individuos ya no te parecerán tiranos mezquinos.

Los tiranos mezquinos pueden ser nuestros jefes, nuestros compañeros de trabajo, nuestros vecinos; a veces pueden ser nuestros esposos o esposas, o nuestros hijos. Con frecuencia un tirano mezquino es una persona que sin importar lo que le digas, sin importar cuántos abogados consultes, sin importar con cuántos agentes de policía hables, de alguna manera parecen tener derecho a seguir haciéndote algo, una y otra y otra vez.

En nuestro entrenamiento como Guerreros Espirituales, nos conviene tener críticos. Nos conviene tener en nuestras vidas a un tirano mezquino, a alguien que tenga la

Abrazar al tirano mezquino

posibilidad de fastidiarnos con impunidad, porque estas personas son las que siempre nos están mostrando dónde estamos ubicados con relación a nuestra intención. Como resultado, pueden ayudarnos a mantenernos alineados con nuestra intención.

En última instancia es siempre nuestro sentido de importancia el que nos desvía de nuestra intención espiritual. El sentido de autoimportancia es nuestra mayor limitación. Si te piden que limpies letrinas y tu sentido de importancia te dice que tu destino es hacer algo más importante o más elegante, estás limitando tus oportunidades de expresión espiritual. Lo bueno es que, aunque le permitas a tu sentido de autoimportancia que te desvíe, no puedes estar desviado para siempre. Volverás a armonizarte y hasta podrás crecer basado en la experiencia de haberte desviado.

En consecuencia, detente un momento y préstale atención a los tiranos mezquinos que hay en tu vida. Reconoce cuánto sentido de importancia, inflexibilidad y ego hay dentro de ti. Reconoce tu odio, tu resentimiento. Al oír y reconocer, te estás alineando con tu Espíritu. Y de esta manera tu tirano mezquino en realidad está ayudándote a converger con tu Espíritu.

Tiranos Mezquinos—Ejercicio

Dedica el tiempo necesario a responder por escrito a las siguientes preguntas. Te ayudarán a concentrarte en los aspectos internos –dentro de tu Espíritu- que el tirano mezquino afecta. Tal vez quieras pedirle a un amigo o a tu esposo o esposa que lea las respuestas y te ofrezca sugerencias de cómo manejar al tirano mezquino.

1. Identifica a un tirano mezquino en tu vida, del pasado o del presente.
2. ¿Qué hace el tirano mezquino que desafía tu sentido de autoimportancia?
3. Describe en qué consiste el sentido de auto-importancia.
4. En lugar de reaccionar negativamente, ¿cómo puedes responder de una manera centrada?
5. Cierra los ojos y practica el uso de la implacabilidad, que es la Espada de la Verdad, la Espada del Corazón que cercena la ilusión. Si necesitas perdonarte antes de proceder, hazlo. (Una de las maneras de practicar el perdón es decir: "Me perdono por juzgarme como . . ."). Cuando sientas la presencia del Espíritu dentro de ti, abre los ojos.
6. Cuando termines, dedica unos momentos a escribir. Reflexiona sobre tu experiencia: lo que aprendiste y los que debes hacer.

Completar este ejercicio prestando atención puede resultarte un desafío. Pero enfrentar desafíos es, después de todo, parte del proceso de llegar a ser un Guerrero Espiritual.

Secreto del Guerrero Espiritual: Simplificar y relajarse

Ten paciencia. Respira profundo. Afloja los hombros. Relájate.

Sea lo que sea que se te presente, tú fuiste quien lo atrajo. La manera romántica de verlo es decir que es una prueba, que puedes pasarla o reprobarla. Pero en realidad no hay nada ni nadie más que tú, atrayendo el paso siguiente de tu crecimiento. En este momento puedes decidir tomar cualquier dirección. Es más fácil ir hacia la negatividad, porque es hacia allá donde nos impulsa el mundo. No es igualmente fácil elegir lo positivo o lo negativo. Las probabilidades están en tu contra. Siendo un Guerrero Espiritual con tu Espada de la Verdad y armado con tu intención, las probabilidades se transformarán y estarán a tu favor.

Pero necesitas energía para hacerlo. Un Guerrero Espiritual trabaja con impecabilidad para conservar su energía y dedicarla a la tarea más importante: Estar consciente. Estar consciente significa abrirse y continuar expandiéndose a pesar de o como resultado de los obstáculos que se te presentan.

Simplifica tu vida. No necesitas todas esas cosas que te rodean. Déjalas ir, porque te están robando energía.

John-Roger

Mantener el apiñamiento de cosas en la vida requiere de energía. Comienza con lo más pequeño. Ordena un poquito, y te asombrará la cantidad de energía que se libera dentro de ti. Las cosas incompletas atan energía. Revisa los libros que tienes por leer y declara la tarea terminada. Deja ir la culpa en este instante.

Mantén a tu alrededor solamente aquellas cosas que te den energía.

SEGUNDA PARTE

CONVIRTIENDOTE EN UN GUERRERO ESPIRITUAL

Capítulo 5

Alinearse

En nuestro interior,
aquél que somos como ser eterno
se encuentra con la persona que está
    aquí temporalmente.
Aquí el Espíritu,
que es la emanación de Dios,
se encuentra con nosotros,
con los seres que conocemos.
Es nuestro punto de convergencia:
Un punto de concentración o atención.

John-Roger

A medida que trabajes con las técnicas de la primera parte de este libro, te darás cuenta de que tu conciencia se está expandiendo y te ofrece nuevas perspectivas a lo que anteriormente considerabas experiencias comunes y corrientes. Esta segunda parte está diseñada para apoyarte en estas nuevas respuestas, comenzando con un concepto que llamo "convergencia".

Si tuviera una burbuja azul en una mano y una burbuja amarilla en la otra, y las pusiera juntas de manera que se tocaran, seguiría teniendo una azul y una amarilla. Pero si comenzara a fusionarlas, ¿qué colores tendría? Azul de un lado, amarillo del otro y un nuevo color: verde en el centro. Ese nuevo tono en el medio es el punto de convergencia.

En nuestro interior, aquél que somos como ser eterno se encuentra con la persona que está aquí temporalmente. Aquí el Espíritu, que es la emanación de Dios, se encuentra con nosotros, con los seres que conocemos. Es nuestro punto de convergencia: Un punto de concentración o atención. El Espíritu puede converger en nuestro interior de muchas maneras. Alguien que nos grita puede cambiar nuestra convergencia. Cuando el Espíritu y la mente se mueven hacia la izquierda, podemos sentirnos muy irritados y responder a gritos. Pero cuando se mueven hacia la derecha decimos: "¡Ah!" Vemos más claramente lo que está sucediendo, y nos surgen nuevas ideas, a menudo con mucha rapidez.

Reconocer cuando esto sucede es una parte esencial de tu entrenamiento como Guerrero Espiritual.

Alinearse

Si podemos cambiar nuestra conciencia espiritual, podemos aproximarnos al punto de convergencia. Podemos pasar más tiempo dedicados a nuestro crecimiento espiritual en lugar de reaccionar al mundo material. Podemos estar en paz. Nunca podremos controlar a Dios, pero podemos alinearnos y fluir con Su voluntad.

No podemos controlar al sol tampoco, pero podemos elegir si nos quedamos adentro o salimos al exterior, llevando protección y mucha agua.

Si tenemos una intención clara de buscar el desarrollo espiritual, y estamos leyendo materiales enriquecedores o meditando sobre esa intención, el Espíritu y la mente comienzan a converger. Llegamos a un estado elevado de conciencia, de conocimiento. A medida que el punto de convergencia se mueve, nuestra percepción, la forma en que vemos al mundo, se mueve con él. Logramos realmente ver lo desconocido. Cuando se acaben nuestros momentos de convergencia no recordaremos nada, aunque en ese instante lo hayamos comprendido. (Parecería que estoy describiendo el estado de senilidad prematura pero, créanme, estoy hablando del proceso espiritual). Sabemos que algo sucedió, pero no podemos describirlo realmente. Y cuando regresamos al estado elevado de conciencia volvemos a comprender y nos resulta imposible imaginar que pudimos haberlo olvidado.

Es fácil decir: "Alíneate con el Espíritu" o "Ponte del lado de Dios", pero es difícil hacerlo con consistencia.

Nos alineamos, y luego nuestro punto de convergencia se desplaza. Nos encontramos de pronto en nuestro estado habitual. En lugar de desalentarnos debemos volver al mismo punto y seguir adelante.

Moviendo el punto espiritual

Veámoslo desde un punto de vista práctico. Estás leyendo un libro y dependiendo de tu intención con respecto al material, las palabras pueden converger en el punto de tu Espíritu y comenzar a moverlo. Si se mueve demasiado rápido tal vez entres en un estado de inconsciencia y luego te duermas. Si se mueve a la velocidad perfecta puedes fluir con él y al fluir, tu percepción del material desencadenará en tu mente una serie de experiencias secundarias. Todo te parecerá más claro y más comprensible. Esto, obviamente, tiene poco que ver con el libro; en cambio, tiene que ver con cómo el punto de convergencia se está moviendo a través de tu cuerpo.

Así lograrás una perspectiva más clara, lo cual es muy agradable, por un tiempo. Hasta que tu vecino haga mucho ruido o tus hijos griten o tu esposo o esposa cruce la habitación y caigas en los mismos patrones, como si nada hubiese cambiado. Lo que sucedió es que tu punto de convergencia regresó a su lugar habitual, y volviste a ver el mundo desde tu perspectiva habitual. Es difícil mover el punto de convergencia de su lugar normal.

Mover el punto de convergencia puede ser como tratar de dibujar con los ojos cerrados. Al principio es confuso y desorientador. Requiere de práctica. Y cuanto más practiques, más fácil te será el movimiento. Puedes mover tu

Alinearse

punto de convergencia hacia otro estado de conciencia más elevado y de esa forma alcanzar la libertad.

Esto nos lleva a uno de los principios cardinales del Guerrero Espiritual:

Lo que sucede no es lo importante; lo que es importante es lo que tú estás haciendo al respecto. Por lo tanto el Guerrero Espiritual dice: "No importa cómo se vea la situación, no importa cómo yo la perciba, de todas maneras utilizaré todo para elevarme, aprender y crecer".

Manteniendo la alineación

Cuando tu punto de convergencia se mueve y puedes mantener la nueva posición, abres nuevas perspectivas, comprensiones y entendimientos. Pero si no logras mantenerlo a través de la impecabilidad, comienzas a retroceder. No es fácil evitarlo. El Espíritu es implacable, no por malicia sino por su claridad de propósito. Cuando nos movemos en la misma dirección que el Espíritu (y lo sabremos si lo verificamos con esa parte dentro de nosotros que está en contacto con estas cosas), estamos alineados; cuando nos salimos por la tangente, el Espíritu sigue adelante sin nosotros; el Espíritu no pierde un instante complaciéndonos. Nosotros seguimos al Espíritu, no al revés.

Como una analogía, supón que una corporación te da empleo. Te dan una descripción de tu trabajo, un título, y una serie de reglas de comportamiento para adaptarte a la cultura de la corporación. No importa lo bien que te desempeñes en una de esas áreas, si no cumples con las tres, perderás el empleo. Tal vez preguntes: "¿Por qué me echan, con toda la energía que he puesto en mi trabajo?" La respuesta es que no estás alineado con las metas de la empresa. Y si dices: "No es justo", es posible que ellos digan: "No nos preocupa la justicia; lo que nos preocupa es la alineación con la dirección que hemos elegido". Lo mismo pasa con el Espíritu.

Elevarse a un nivel de conciencia más alto puede ser algo desconcertante e incómodo. Es un territorio que no nos es familiar. Puede ser que desees volver a donde estabas. Es fácil volver atrás, sentirse seguro, confortable y en un ambiente familiar. Créase o no, hay gente que a eso le llama libertad. Pero no es más que una prisión confortable. Volver atrás significa que no estás manejando e integrando tu alineación con el Espíritu, que está en movimiento continuo.

Diferentes formas de alinearse

Podemos aprender a reconocer cuando estamos alineados y cuando no lo estamos. Físicamente, cuando no estamos alineados, se sentirá y verá como tensión; emocionalmente, como enfado; mentalmente, como resistencia. Examinemos algunos aspectos de la alineación.

Físico: Cuando estamos de mal humor no estamos alineados con nosotros mismos. Tal vez te haya sucedido que te levantas de mal humor y vuelves a la cama para dormir una siesta, y eso te cambia el humor. La siesta te permite dejar el cuerpo y luego regresar alineado.

Alinearse

Emocional: Cuando estás fuera de alineación emocionalmente tal vez notes que reaccionas mucho y de manera impetuosa, y hablas sin pensar. Si nada más te sientas unos momentos en silencio, o practicas una meditación con la respiración, es posible que vuelvas a sentirte alineado. El antiguo método de contar hasta diez antes de decir algo es en realidad un método sencillo pero efectivo para realinear las emociones y la mente. Se rompe el ímpetu de la cólera lo que nos permite responder a la situación en lugar de reaccionar a ella.

Todo lo que nos rodea nos puede enseñar algo. Lo difícil es que a menudo preferimos ser maestros y no estudiantes. Pero únicamente aprendiendo y teniendo experiencias podemos transformarnos en maestros, y luego demostrar lo que hemos aprendido. Los mejores maestros son los que enseñan con el ejemplo.

Mental: La falta de alineación a nivel mental se manifiesta de una manera más insidiosa y duradera. Podemos alinearnos mentalmente leyendo un libro que estimula nuestro intelecto. Pero nos meteremos en problemas si leemos algo y luego tratamos de hacer alarde frente a la gente diciendo que es nuestra propia experiencia. Eso es vivir en el ser falso y este tipo de falta de alineación puede durar mucho tiempo. Anunciar públicamente cosas que no hemos probado o experimentado es vivir un engaño. Es como leer un libro de recetas de cocina y decir que ya somos chefs.

Lo mismo sucede cuando vives en lo que piensas que *podría* o *debería* ser en lugar de vivir tu propia experiencia personal. Te estás engañando a ti mismo; te sentirás engañado y tal vez trates de echarle la culpa a otros cuando las cosas no andan bien. Pero si tus palabras y tus acciones están realmente alineadas puedes estar seguro de que estás viviendo tu propia vida y no la de otros.

Es impresionante que no exista separación entre tu Espíritu y tu mente, entre tus emociones y tu cuerpo. Entonces existe un Espíritu solo, que entra en convergencia y alineación con esa energía incognoscible que llamamos Dios.

Desalinearse

Es tan difícil lograr una alineación perfecta, y es tan fácil salir de ella. No debemos hacer pausas, mirar a nuestro alrededor con orgullo y decir frases importantes como: "¡Finalmente he llegado! Me llevó tanto tiempo, y estudié tanto". Eso hace que la caída, cuando llega, sea aún más desmoralizadora. Es difícil intentarlo una vez más cuando estamos agotados de nuestros esfuerzos anteriores, pero eso es lo que debe hacer el Guerrero Espiritual. Una vez que has caído mil veces, tal vez sientas la tentación de decir: "No me voy a volver a levantar, porque lo único que va a suceder es que me voy a caer otra vez". Pero debes levantarte, aunque más no sea para evitar que la gente te pase por encima.

Hay veces en que permitimos que la gente nos sacuda. Si alguien que se llama a sí mismo budista o musulmán o cristiano o judío te impone su estructura de creencias y experiencias, junto

Alinearse

con sus dudas sobre tu experiencia y tus creencias, ¿por qué te molestas? La forma en que ellos alcanzan su alineación tiene un nombre distinto. Todos estamos tratando de lograr lo mismo, de alinearnos con el Espíritu, nuestra Divinidad. ¿Para qué nos vamos a preocupar de la experiencia de los demás?

Una vez que decidas seguir adelante encontrarás el método de planificar tu progreso. Y pasarás gradualmente de lo que sabes a lo que no sabes: lo desconocido. Y cuando lo desconocido se transforme en conocido, lo incognoscible se transformará sencillamente en lo desconocido. Todo comienza a dirigirse hacia ti. Se dirige hacia ti al mismo tiempo que tú te diriges hacia ello. El pasado te empuja y el futuro te atrae, para llegar finalmente a la convergencia y a la alineación. Podemos verlo como predestinado y sentir que lo es. Pero el tiempo que nos toma no es predestinado. Las eternidades nos pueden parecer un momento y los momentos nos pueden parecer millones de eternidades.

Capítulo 6

Manifestar tu Espíritu

Cuando definimos "manifestación" como
"hacer aparecer físicamente",
sólo estamos teniendo en cuenta
las formas físicas, lo material.
Pero la manifestación tiene éxito únicamente
si tiene como resultado un cambio de conciencia.
Ese cambio de conciencia,
a su vez,
es darse cuenta de
que la esencia de lo que buscamos en una forma física
está en realidad dentro de nosotros.
"Tener" no significa poseer un objeto material.
Significa dejar de experimentar la necesidad.

John-Roger

La mayoría de los que están leyendo este libro ya tienen sus necesidades básicas cubiertas: comida, albergue, ropa y amor. Pero probablemente todavía sientas la necesidad de tener más. Quieres muchas cosas, especialmente objetos materiales (un automóvil, un yate, un equipo de sonido o una torta de chocolate). Cuando adquieres lo que codicias, te sientes muy bien al principio por unos minutos o tal vez durante algunos días te sientas satisfecho y pienses que no vas a "necesitar" nada más. Pero luego, inevitablemente, te alejas de aquello que quisiste y empiezas a codiciar otra cosa, siempre buscando "allá afuera" algo que satisfaga tus necesidades.

Este ciclo puede perdurar para siempre si no comprendes que cuando codicias algo afuera, en realidad te estás codiciando a ti mismo. Y nunca podrás encontrarte a ti mismo allá afuera. Eso que buscas, la *esencia*, está siempre dentro de ti. Y no hace falta que te vayas de la Tierra para encontrarla.

¿Qué significa "esencia"? ¿Y cómo puede estar dentro de ti? Aun cuando adquieras algo (una torta de chocolate, un automóvil o incluso una relación) solamente has adquirido la *forma*. Es como la cáscara de una nuez sin la nuez, y es por eso que las formas no podrán satisfacerte jamás. Lo que estás buscando realmente es la nuez, la *esencia*, la sensación interior de sentirte lleno y satisfecho. Pero en tanto busques "afuera" no encontrarás la esencia. Ella ya está "aquí dentro" de ti. Y es manifestando tu Espíritu que tienes acceso a la esencia escondida. Solamente puedes llegar a ella y hacerla funcionar en tu vida a través de la manifestación.

Manifestar tu Espíritu

Cuando definimos "manifestación" como "hacer aparecer algo físicamente", sólo estamos teniendo en cuenta las formas físicas, lo material. Pero la manifestación tiene éxito únicamente si su resultado se expresa en un cambio de conciencia. Ese cambio de conciencia, a su vez, es darse cuenta de que la esencia de lo que buscamos en una forma material está en realidad dentro de nosotros. "Tener" no significa poseer un objeto material. Significa dejar de experimentar la necesidad de tener más.

La abundancia es un proceso de conciencia

El diccionario define abundancia como cantidad, afluencia, riqueza. Pero en términos espirituales, abundancia no significa poseer objetos materiales. En cambio, significa tener acceso a la esencia de lo que son todas las cosas. Significa estar en comunión con la esencia dentro de ti. La verdadera abundancia es la conciencia del todo, la satisfacción de todas nuestras necesidades (que son mucho menos de las que pensamos). Eso es abundancia.

No un millón de dólares. No automóviles exóticos. Esos son nada más que espectáculos de la personalidad. Pero constantemente codiciamos esas "cosas" como si ellas pudieran satisfacer nuestras necesidades. Nos hacemos "ricos". Pero ser rico, tener riquezas, no es lo mismo que abundancia. ¿Ves la diferencia?

Cuando el ego o la personalidad miran la abundancia, ven cantidad. El Alma la ve de otra manera. Ve *calidad*.

Si tienes quinientos amantes y ninguno de ellos te ama verdaderamente, ninguno te resulta valioso. Lo que parece abundancia es en realidad vacío. Pero si tienes una persona que está realmente presente, que te ama y te estimula, lo tienes todo. Lo posees todo en uno.

La abundancia, por lo tanto, es una conciencia y no un recuento material. Cuando tenemos abundancia todo lo que necesitamos está enteramente presente.

¿Cómo alcanzamos la abundancia? ¿Cómo encontramos esa esencia que ya poseemos dentro de nosotros? Los Guerreros Espirituales encuentran lo que buscan mediante la acción. La acción incluye tareas específicas, como meditar y hacer ejercicios espirituales, y en última instancia significa precipitarse desde el Espíritu para manifestar a través de las emociones, el intelecto y el cuerpo. Cuando tenemos acceso a la esencia podemos compartirla con los demás a través de la manifestación. Este capítulo nos aproximará un poco más a esa meta.

Niveles de espiritualidad

Una vez que hemos dominado el silencio, la observación en la cual escuchamos, podemos elevarnos más fácilmente en nuestra conciencia espiritual. El proceso de crecimiento espiritual y expansión ha sido comparado a menudo con escalar una montaña. A medida que uno sube y llega a

Manifestar tu Espíritu

un nuevo nivel, y lo domina, ese nivel se transforma en la estación base para seguir ascendiendo.

Pero si te sientes demasiado confortable en la estación base y te olvidas que tu tarea es ascender hacia la cumbre, el Espíritu interviene. Comienzas a sentirte atrapado, sofocado, encerrado, y puedes llegar a pensar que estás enloqueciendo. Esa es la forma en que el Espíritu te empuja al siguiente nivel.

Naturalmente, siempre existen las caídas. Incluso es posible que el Espíritu te lance montaña abajo, al nivel anterior. (Como dije en el último capítulo, ¡el Espíritu puede ser implacable!) Regresas al nivel inferior sintiéndote como un tonto. Te mueves con dificultad, diciendo: "¡Ay, no sé cómo hacer esto!" Aunque el hecho de que te empujen al nivel anterior puede resultar desmoralizador, es así como el Espíritu te indica qué te queda por aprender en ese nivel, que no captaste todo la primera vez. Ahora el desafío que se presenta es dominarlo completamente para seguir luego adelante.

Lleva tiempo lograr el dominio perfecto, pero la mayoría de la gente es demasiado impaciente. No se toman el tiempo de "escuchar" el silencio, de elevarse lo necesario para observar la situación con neutralidad. Mucha gente medita así: Se sientan y si el Espíritu no los entretiene como si fueran reyes en los primeros cinco minutos, se rinden y comienzan a buscar una distracción. Ese no es el camino del Guerrero Espiritual.

Por supuesto, el extremo opuesto tampoco funciona, aunque me gustaría tanto que fuera así. Me he pasado muchas existencias sentado en un hueco en el suelo, sin decir nada, esperando. Pero no es tan difícil. Si hubiera tenido a alguien avanzado en el Espíritu que me hubiera tocado el hombro y me hubiera dicho: "Mira, tontito, el hecho de estar sentado allí en silencio no parece estar logrando resultados. No es la acción correcta. Es un comienzo, claro, la idea es correcta, pero no *haces* nada con la idea correcta". Hay que encontrar el punto medio, en el cual asumimos el control dinámico de nuestra pasividad, pero al mismo tiempo le damos espacio al Espíritu para que actúe.

Recuerda que los niveles de espiritualidad descritos anteriormente no son fórmulas mágicas; ni tampoco son científicos ni precisos, como lo es una reacción química. Cuando tratamos de calcular, de llevar un registro diario de las cosas buenas de la vida, nos volvemos rígidos y no permitimos que el mayor bien se nos revele. Aprende a ser flexible, a dejar de contar y a tener a Dios como tu socio. Permítele al Espíritu que se manifieste, pero no en términos de tus ansiedades, de tus irritaciones o de tu conciencia del tiempo. Los Guerreros Espirituales se salen del tiempo y esperan al Espíritu con paciencia.

I. Identificación correcta

¿Cómo sabes cuando no necesitas algo? En principio, si no lo usas durante un período de seis meses a un año, te puedes deshacer de ese objeto. Es bien sencillo. No usamos aquello que no necesitamos. La mayoría de la gente está tan llena de cosas que no necesita que no tiene espacio para lo nuevo. Están apegados

Manifestar tu Espíritu

a algo porque es lindo, o por su valor sentimental, o porque lo necesitan "desesperadamente". Y viven en su desesperación en lugar de vivir en la abundancia de lo disponible. El Guerrero Espiritual, por otro lado, es implacable cuando suelta el equipaje excesivo. El Guerrero Espiritual dice: "Sí, ya sé que es lindo. ¿Y qué?"

Debemos recordar que la personalidad es forma, y por lo tanto es limitada. Nuestra Alma, en cambio, no tiene forma. No está limitada a una sola forma, pero puede funcionar a través de cualquier forma. Nuestra mayor libertad como seres humanos es poder funcionar *a través de* algo, en lugar de funcionar solamente *en* algo. Funcionar a través de algo es libertad. ¿Cómo lo hacemos? Antes que nada necesitamos corregir la identificación. Debemos saber quién somos. Debemos saber quién es Dios. Tenemos que pasar tiempo en silencio, en los ejercicios creativos del Espíritu (para más información ver "Herramienta del Guerrero Espiritual: Ejercicios Espirituales", al final del capítulo 7). Debemos estar abiertos. Debemos estar dispuestos a vivir la vida como viene, no viviendo en lo bueno como viene o en lo malo como viene, sino viviendo la vida como viene. Debemos aprender a expandirnos con ella *sin importar* lo que pase, en lugar de contraernos y de rechazar los cambios en nuestras vidas.

Un ejemplo. Conocí a un hombre que rezaba para conseguir un empleo mejor. Pero no solamente no consiguió un mejor empleo, sino que eventualmente perdió el que tenía. Estaba enojado, no le gustaba lo que pasaba, y decir que entró en contracción sería un eufemismo. Después de estar sin trabajo un tiempo, empezó a mejorarse de un problema que tenía en la espalda y una vez que se curó completamente, consiguió un trabajo mucho mejor que el que tenía originalmente. Recién entonces se dio cuenta que no podría haber tenido un trabajo mejor hasta estar curado de la espalda, porque necesitaba descansar. Perder el primer trabajo fue una bendición, una oportunidad de expansión, pero en su momento él la rechazó con enojo.

Y esta es la respuesta natural. En lugar de expandirse, la mayoría de la gente se contrae. Se contraen al resistir, al tratar de alejar las cosas de ellos. Cuando no se las pueden quitar de encima se frustran y en su forma más extrema, pueden enfermarse. ¿Has tratado alguna vez de dejar de pensar en algo? Te mantiene despierto. Lo rechazas, pero el que gana es el pensamiento. Cuando te despiertas en la mañana el pensamiento sigue allí, como un dolor de muelas. Te parecerá que lo has estado superando, pero en realidad has estado *odiándolo*.

¿Por qué no observar simplemente ese pensamiento? Déjalo que se quede allí. Nada más di: "¿Sabes? Eres un pensamiento viejo y repulsivo y debo reconocer que me perturbas. Pero, ¿sabes qué? Me voy a ir a dormir de todas maneras". Los Guerreros Espirituales eligen el camino de la aceptación y el de manifestar cosas totalmente nuevas a su alrededor mediante la meditación y superando la cháchara de su mente. Atraen la energía del Espíritu hacia ellos y el pensamiento obsesivo no puede perdurar mucho, porque la energía superior lo disuelve y lo dispersa.

Manifestar tu Espíritu

II. Imaginación correcta

Ejercitar una imaginación correcta significa tener una idea clara y vívida de lo que quieres que suceda. Las imágenes que cargas en tu mente son más importantes que las que tienes en la billetera, porque las primeras *afectan* a lo que representan y a ti se te hace responsable de ello. En otras palabras, si acarreas imágenes negativas, lograrás negatividad. La clave es considerar nuestras necesidades con relación a la energía que representan. Suena complicado, pero es muy importante. No sólo es imaginarte lo que crees que necesitas; es importante que sepas de dónde surge la necesidad realmente. Considera la esencia de lo que está sucediendo. ¿Esa necesidad apoya la intención de tu vida? ¿Te apoya para que completes, para que experimentes alegría, sentido del humor, satisfacción? En lugar de decir: "Necesito un yate, necesito esa casa, necesito esa torta de chocolate", visualiza la verdadera esencia de tu necesidad.

Una vez más, el primer paso es el silencio, la meditación. La intuición comienza a activarse, y a reconocer a Dios como tu fuente. No me refiero al dios del pequeño ego de la personalidad, al dios de nuestros más bajos niveles de conciencia, sino al verdadero Dios.

Una pregunta importantísima que debes hacerte es: "¿Qué me está diciendo Dios con esta imagen?" ¿Esta imagen me acarrea odio, gritos, discordia, enfado? ¿Me sugiere que tenga discusiones y opiniones? Si es así, es probable que te estés enfrentando con lo que

quiere tu ego. Como Guerrero Espiritual necesitas tener esto muy claro: "Cuando estoy en contacto con el todo, no siento ni tensión ni necesidad alguna. Sé que estoy con todo lo existente. No siento la falta de nada y tampoco presión. Estoy calmado. Estoy en silencio, en paz. Y puedo manejar cualquier forma que surja en mi vida y dejarla ir. No soy prisionero de nada". Esa es la correcta imaginación.

III. Armonía correcta

Sintonizar una radio requiere de tiempo, paciencia y un buen oído. Tenemos que aplicar el mismo cuidado a nuestra sintonización espiritual. Entramos en armonía con el Espíritu a través de nuestra mente, nuestras emociones, nuestra imaginación y nuestro cuerpo físico, de manera que debemos alcanzar un equilibrio que funcione bien para todos.

> **Esto significa sintonizarse de modo que nuestras mentes, emociones, imaginaciones y cuerpos estén todos presentes, compartiendo la misma meta. Entonces el Alma dice "listo". Y la mente dice "listo". Y las emociones dicen "listo". Y el cuerpo dice "sí", y se pone en acción.**

Cuando estamos en correcta armonía una energía irresistible fluye hacia el subconsciente y se difunde hacia el exterior. La gente puede sentirla y se siente atraída por ella. Eso es armonía.

Así es como surgen también las invenciones. Una persona puede estar inventando algo e irse a dormir con mucho entusiasmo. Eso alcanza el subconsciente de la especie humana, y otra persona en el otro lado del planeta precipita la información y comienza a inventar exactamente lo mismo. Es por eso que estas cosas parecen surgir espontáneamente por todos lados. Una vez que surge una idea se manifiesta en el canal más abierto. Los inventores son un tipo de gente que es abierta porque son curiosos y les interesa aprender cosas nuevas. Todos deberíamos ser como los inventores, porque con esa apertura podemos practicar la armonía correcta.

Por supuesto, la armonía correcta también incluye estar en armonía con tu ambiente. Eso significa no contaminar, no destruir nada sin estar consciente de las consecuencias. Significa no dejar las cosas en desorden. También significa tener la habilidad de trabajar con la autoridad y de trabajar como la autoridad, lo cual significa aceptar tus responsabilidades y tus compromisos. Por ejemplo, has asumido responsabilidad y autoridad por el trabajo que has elegido, así que *trabájalo*. Armoniza todos tus actos.

IV. Acción correcta: La verdadera manifestación

Finalmente, necesitas una acción correcta. Acción correcta significa la voluntad de hacer lo que sea necesario —física, emocional y mentalmente— para hacer que todo suceda. Los Guerreros Espirituales se manifiestan a través de la acción correcta, porque su única verdadera intención es el crecimiento espiritual, la expansión y la revelación. Cualquier otra cosa que aparezca es una bonificación que se puede disfrutar y participar en ella, pero no hay que dejarse atrapar por ella. Asume la forma de actuar del Guerrero Espiritual y comenzarás a manifestar los frutos de tu crecimiento espiritual en todo lo que hagas.

> **Manifestamos no cuando tratamos de atraer *hacia* nosotros, sino cuando nos expresamos *a partir de* nosotros, no al tomar sino al dar. Cuando estamos compartiendo esa esencia en nuestra Alma, las cosas genuinamente buenas se nos aparecen automáticamente, no necesitamos manipular, participar en juegos, engañar a alguien o mentirle. La manifestación comienza a suceder, y la gente se siente atraída por ella.**

Actuar correctamente no significa que todo lo que quieres va a ocurrir en tu vida. Tienes que trabajar para lograr lo que quieres, trabajar para crecer, trabajar para expandirte, trabajar para lograr la siguiente revelación. Hay mucha gente que no se mueve ni un paso si no le pagan. Están atrapados. Pero el Guerrero Espiritual dice: "Estoy haciendo esto para crecer, para expandirme. Estoy aceptando nuevas responsabilidades no porque reciba más dinero, sino para lograr mayor crecimiento, mayor habilidad, mayor conocimiento". Con esa actitud nada puede detenerte. En parte, es así como derribarás las puertas del cielo.

No podemos exigir o asumir que la vida se ocupará de nosotros. Eso sería como asumir una postura. La gente

Manifestar tu Espíritu

que se queda estancada en una posición está paralizada. Están encadenados a sus necesidades, a sus ansiedades y a su deseo de gratificación. Si insistes que alguien tiene que hacer algo por ti, estás encadenado a ello. ¿Quieres vivir con esas cadenas de por vida, desayuno, almuerzo y cena? Los Guerreros Espirituales no caen en la trampa de permitir que su gratificación y seguridad dependan de otra gente. El Guerrero Espiritual quiere libertad.

Nunca olvides que somos más que lo que hacemos. Somos más que lo que enseñamos. Somos más que lo que decimos. Somos más que lo que podemos expresar. Recuerda que el bien mayor siempre prevalecerá y tu trabajo principal es sencillamente cooperar con él. Es irónico pero esa es la clave para estar verdaderamente en control, la cooperación.

Alinear las cuatro acciones correctas con el Espíritu

Cuando estamos fuera de equilibrio o aislados de lo Divino, el motivo es siempre el mismo: nos estamos bloqueando. Parece imposible de creer, pero ¡nadie te está bloqueando! Si te sientas y observas eso que crees que te está bloqueando, te darás cuenta que es tu propia creación. Y entonces puedes retomar una actitud de neutralidad amorosa.

Obsérvate a ti mismo, identifica todo lo que no es parte de ti. Y entonces ponte implacable dejando ir esas cosas, dejando de participar en ellas. Libérate y dispérsalas. ¿Qué queda? El Alma. Tú.

Con una identificación correcta, la imaginación correcta, la armonía correcta y la acción correcta reconocemos la esencia de lo que buscamos; precipitamos la energía y la manifestamos en lo que hacemos. Reconocemos y asumimos nuestra abundancia, manteniéndonos siempre abiertos al mayor bien.

Hablar de esto es sencillo, pero dominarlo requiere práctica. El Guerrero Espiritual siempre regresa a los mismos principios básicos. Recupera el territorio interior que le otorgaste a lo que no eres tú. Establece tus metas, y sigue adelante implacablemente. Tal vez trates quinientas veces de manifestar a partir del Espíritu y fracases. ¿Pero qué si a la quinientas y una vez todo sale bien?

¿Te aburrirás de probar? Tal vez, si regresas a la vieja definición de manifestación, que limitaste a la forma física y que te hizo prisionero de la *materia*.

Tú eliges. Cuando finalmente hagas lo que funciona, verás todas las cosas buenas en tu vida y dirás: "¡Vaya! Mira todo lo que está sucediendo. Y yo no hice nada". Pero sí lo hiciste: los años de ejercicio bueno y consistente en el Espíritu, la identificación, la imaginación, armonía y acción correctas te han guiado a esa esencia dentro de ti. No sucede por casualidad. Es muy difícil alinearse accidentalmente con las cuatro acciones correctas en el Espíritu.

Capítulo 7

Pasar de lo desconocido a lo incognoscible

La mente se detiene
en el límite de la mente;
las emociones se detienen
en el límite de las emociones;
la imaginación se detiene
en el límite de la imaginación.
Tal vez esto parezca obvio,
pero es asombroso cuánta gente
piensa que puede usar sus emociones
para resolver problemas mentales,
y que pueden usar sus mentes
para encontrar a Dios.

Muchos de ustedes leen este libro con la esperanza de poder profundizar la conciencia de Dios. Tienen ideas preconcebidas de cómo será lo Divino. Pero la realidad de Dios no se puede adquirir a través del estudio. La única manera de conocer a Dios es a través de la experiencia directa dentro de uno mismo. Y cuando finalmente encuentren a Dios, les puedo garantizar que no lo van a ver flotando en el aire, diciendo: "Aquí estoy, aquí estoy". Dios no es un fenómeno. Dios es Dios. Los Guerreros Espirituales se dan cuenta de que nunca conocerán a Dios de la misma forma en que pueden entender pensamientos o hechos, porque Dios está en lo incognoscible.

Hay tres categorías de conocimiento. Primero, lo que sabes, que es lo conocido; segundo, lo que no conoces, pero puedes llegar a conocer, que es lo desconocido; y tercero, lo que no podrás conocer jamás, que es lo incognoscible.

Lo conocido es lo que está *aquí*, lo que es visible; a eso yo lo llamo realidad funcional o evidencia empírica. Es la base de toda la historia y de toda la mitología. Y es también la base de todos los eventos externos de nuestra vida. Todos tenemos una cantidad enorme de conocimiento acerca de este mundo conocido. Pero dicho conocimiento a menudo no sirve para nada en lo que respecta al Espíritu. Podrías suponer que somos capaces de vivir una vida recta, plena de Espíritu, en un lugar familiar y confortable, porque sabemos lo que es correcto y apropiado. Pero, aunque te asombre, justamente usamos el conocimiento que tenemos de lo que es correcto y apropiado para corrompernos. Comemos cosas que sabemos nos darán acidez (o peor

Pasar de lo desconocido a lo incognoscible

aún); le decimos cosas a nuestro esposo, esposa o a la personas que amamos que sabemos van a conducir a una discusión. Todos sabemos cómo podemos llevar una vida más saludable y mejor, ¡pero no lo hacemos!

Lo desconocido, por otra parte, es un territorio extraño y poco familiar. Está lleno de promesas, lleno de esperanzas, pero al mismo tiempo produce casi terror, porque cuando nos internamos en él, tenemos miedo a perdernos. Cuando entramos en lo desconocido, estamos entrando en nuestra propia ignorancia, así que sólo podemos avanzar de a un paso a la vez.

Es sumamente importante reconocer claramente dónde termina nuestro conocimiento y comienza nuestra ignorancia. ¿Cómo podríamos aprender si no reconocemos nuestra necesidad de aprender? Enseñar a los demás algo que nosotros mismos no sabemos de verdad es una tarea peligrosa y destructiva. Nos impide avanzar y al mismo tiempo, coloca obstáculos en el camino de los demás, que a veces son insuperables. Los Guerreros Espirituales no pueden alcanzar sus metas actuando como obstáculos para otros; ellos saben que no avanzarán jamás entorpeciendo el progreso de otra persona. La búsqueda de Dios, recuerden, no es una carrera hacia la meta final.

Con respecto a lo incognoscible, se puede decir: "Dios es incognoscible, pero yo conozco a Dios". ¿Puede ser esto verdad? ¿Cómo puede una persona reconocer a Dios? La respuesta es: "Lo mejor que pueda." Hay gente que toma lo que sabe de Dios e inmediatamente comienza a predicar para conseguir que más gente se oriente en la misma dirección. Esto le brinda la ilusión de que Dios es una cualidad *conocida*. A consecuencia de esto, la gente deja de buscar adentro, movidos por la impresión de que como mucha gente sigue un camino en particular, eso quiere decir que ellos saben adónde van. Pero eso es un error. No hay nada en este mundo que nos pueda liberar de la responsabilidad personal de buscar la verdad. ¿Cómo puede ser que algo tan noble como la religión nos pueda meter en tantos líos? Porque constantemente confundimos lo que sabemos, o lo que pensamos que sabemos, con la verdad. El Guerrero Espiritual debe ser capaz de apreciar la diferencia.

El lado izquierdo y el lado derecho del Espíritu

La información que sigue puede parecer algo abstracta. No importa que no la comprendas totalmente. Simplemente permite que tu sabiduría interior la absorba. Sigue reflexionando sobre los puntos sugeridos aquí. Verás que tu comprensión de ellos se profundiza progresivamente a medida que avanzas hacia la cualidad de ser un Guerrero Espiritual.

La alineación no ocurre en lo conocido, porque en este mundo tangible, cotidiano, no existe la perfección. Todos queremos convertirnos en ganadores, pero ganar no es alinearse. Los Guerreros Espirituales se sienten básicamente indiferentes con respecto a la posición que ocupan en el mundo. Están satisfechos en donde están y afirman: "La posición en la que me encuentro es la mejor para que yo aprenda, crezca y me expanda".

Pasar de lo desconocido a lo incognoscible

Tampoco nos podemos alinear en lo que es desconocido, que son las áreas de nuestra oscuridad e ignorancia.

Solamente podemos alinearnos espiritualmente en este planeta en lo incognoscible. Nuestra intención como Guerreros Espirituales es alinearnos. ¿Y cómo ocurre esto? No por saberlo, sino al *tomar conciencia*. Tomamos conciencia de lo incognoscible. ¿Cómo podemos tomar conciencia de esto? Alineándonos con ello.

En el lado izquierdo y derecho del Espíritu encontramos lo conocido y lo desconocido respectivamente. La siguiente lista desglosa a grandes rasgos las cualidades asociadas a estos dos lados del Espíritu. Recuerda que son necesarios ambos lados para mantener el equilibrio del Espíritu.

Aspectos del lado izquierdo y del lado derecho

Lado izquierdo	*Lado derecho*
Femenino	Masculino
Oscuro	Claro
Pasivo	Activo
Blando	Duro
Intuitivo	Lógico
Emocional	Intelectual
Creativo	Destructivo
Natural	Sintético
Centrado en la tierra	Centrado en el Espíritu

Abstracto	Tangible
Camino que se aleja de Dios	Camino que se acerca a Dios

Solamente puedes internarte en lo incognoscible y alinearte con ello a través del lado derecho. Si entras en el lado izquierdo, te internas en una miríada de universos en tu conciencia, los que te jalarán hacia abajo. El lado izquierdo es Espíritu indefinido, no formado. Es lo que se ha llamado el infierno. Reconocerás al lado izquierdo porque persigue el poder y la fuerza. Poder y fuerza son energías desperdiciadas. Pero en el lado derecho están la fortaleza y el aguante. El Guerrero Espiritual elige impecablemente estas cualidades más frías, más serenas. El poder y la fuerza se desgastan en un momento, pero la fortaleza y el aguante sobreviven para siempre. (Para más información sobre los lados izquierdo y derecho de la conciencia, ver el próximo capítulo.)

La inseguridad y la ilusión del confort

No es fácil vivir en este planeta porque tienes que seguir viviendo aquí, y viviendo aquí, y viviendo aquí. Y una parte tuya dice: "Estoy cansado". Solamente Dios puede liberarte, regenerarte. Pero para ganarte esta liberación debes entregarte primero a lo incognoscible, que es el Espíritu.

La gente quiere acercarse a lo incognoscible a su manera, y esa intención del ego traslada su alineación hacia el lado izquierdo. Permanecen apegados a la tierra y pueden pasar eternidades vagando entre las ilusiones de su propia conciencia. Quedan suspendidos allí, totalmente aislados de la influencia superior. Es fácil quedar

Pasar de lo desconocido a lo incognoscible

atrapado de esa manera porque es una trampa sumamente *confortable*. El lado izquierdo te mantendrá luchando porque es muy engañador. Estar en el lado izquierdo parece no requerir esfuerzo, pero no te dejes confundir. Nuestra falta de voluntad para movernos, cambiar y crecer es interrumpida constantemente por sentimientos de inseguridad, depresión, desesperación, los cuales nos estimulan a cambiar, a descubrir la verdadera alineación, si pudiéramos entenderlos cómo son realmente. Y cuando nos alineamos de esa manera y nos escapamos de la trampa, exclamamos con asombro: "¡Oh, Señor! ¡Estoy vivo, quiero estar vivo!"

Acercarse a la conciencia

La división entre los lados del Espíritu es tan delicada que aprender a reconocer las sutiles energías que emanan de los dos lados puede requerir años de experiencia. Y hay tanta gente que hace oídos sordos al Espíritu a través de sus adicciones, tanto físicas como mentales y emocionales. La adicción es una forma de hacernos prisioneros del lado izquierdo de la conciencia, y de suprimir cualquier posibilidad de movimiento. La imperfección es una característica del ser humano y nadie está completamente abierto al movimiento del Espíritu. Pero el Guerrero Espiritual debe llegar a una actitud en donde los juicios no existan. Si nos encontramos en un barco repleto de tontos, por lo menos asegurémonos de seguir navegando.

Para que el viaje sea más cómodo, hazte un gran favor: deja ya de ser un niño consentido; transforma tu malcrianza en la preparación del Guerrero. La malcrianza es energía del lado izquierdo. Las exigencias y las adicciones son energía del lado izquierdo. Utilízalas como preparación para entrar en algo nuevo. Comienza a cambiar los patrones neurológicos y fisiológicos de los que hablamos anteriormente. Observa cuándo surgen las energías de alineación. Estas energías no obedecen a ninguna regla; eres tú quien puede utilizarlas para avanzar en tu intención espiritual.

La alineación con el espíritu incluye el desapego del mundo, pero no incluye el odio al mundo. La alegría de la alineación fluye en todo lo que haces, incluyendo los aspectos más mundanos de tu vida diaria. Cuán poca gente se da cuenta de que es en realidad más fácil vivir alineado a través del lado derecho, amando, dando y compartiendo. Encontrarás que te conectas con los demás automáticamente. No tienes que buscarlos o preocuparte de cómo les puedes ayudar, eso sencillamente sucede.

Esto no quiere decir que la alineación con el Espíritu no sea un desafío constante. Pero recuerda, tu intención determina tu dirección, y siempre que te estés moviendo en la dirección de tu intención, estás haciendo todo lo que se requiere. No hacen falta excusas, no hacen falta disculpas; haz lo que tienes que hacer y punto.

El Espíritu ha dicho que ni una sola Alma se perderá. ¡Pero no dijo cuánto tiempo te llevará llegar allí! Estas son cosas sobre las cuales meditar. Obsérvate; ve qué te conduce hacia el lado izquierdo, y qué te conduce hacia la luminosidad del lado derecho.

Constantemente preguntamos *cómo* y *por qué*, pero no esperamos a oír la respuesta. La respuesta está dentro de nosotros. Y hace tanto tiempo que está dentro de nosotros

Pasar de lo desconocido a lo incognoscible

que ya ni la reconocemos, porque se ha convertido en algo demasiado familiar. La alineación nos ayuda a encontrar las respuestas olvidadas. Cuando estás alineado con el Espíritu no logras información, pero sí logras claridad.

Saber por medio del hacer

A estas alturas sabes que ser un Guerrero Espiritual significa utilizar todo en beneficio tuyo. Puedes utilizar todas las cosas de tu vida para avanzar en conciencia y puedes utilizar el lado izquierdo de guía que te indique a dónde no debes ir. Los dos lados se te ofrecen cuando le das la espalda a la oscuridad del lado izquierdo. Entonces puedes seguir adelante como un Guerrero Espiritual y, en algún momento, lo incognoscible te envolverá, no como un pensamiento o un sentimiento, sino sencillamente como lo que es.

Cuando salimos de un cuarto oscuro y nos encontramos con un día luminoso, lleno de sol, tenemos que protegernos los ojos hasta que estos se adapten a la luz. El Espíritu es como esa luz. Te vas acercando al Espíritu, pero solamente puedes llegar hasta cierto punto, mientras aguantes su luminosidad. Debes adaptarte y alinearte con dicha luminosidad y llenarte de ella para poder ascender al siguiente nivel de luminosidad.

Cuando la luz sea excesivamente brillante te sentirás tentado de darte vuelta y de evitarla, pero eso solamente te lleva a la desesperación, al dolor y a la tristeza. He estado allí muchas, muchas veces. Sé que muchos de los que están leyendo esto también han estado allí.

La única forma de evitar la desesperación es seguir enfrentando la luz, pase lo que pase. No podemos acercarnos a lo incognoscible en términos de la mente, porque la mente se detiene en el límite de la mente; las emociones se detienen en el límite de las emociones; la imaginación se detiene en el límite de la imaginación. Tal vez esto parezca obvio, pero es asombroso cuánta gente cree que puede usar sus emociones para resolver problemas mentales, y que pueden usar sus mentes para encontrar a Dios.

Estos elementos de la conciencia no son más que herramientas. Las herramientas necesitan una mano que las guíe para ejecutar el trabajo correctamente. Y la mano guiadora necesita ser una mano amorosa.

Imagínate una enorme pintura colgada en un corredor angosto. Solamente puedes verla de a pedacitos. A medida que mueves los ojos, la parte que miras es conocida, y el resto de la pintura es lo desconocido. Nunca verás la pintura en su totalidad; y así es lo incognoscible. Y sin embargo, lo conoces íntimamente, en fragmentos. De la misma manera el Espíritu, lo incognoscible, de alguna forma se te hace conocido, aunque su totalidad siga siempre siendo incognoscible.

El Guerrero Espiritual se maneja con la experiencia. Cuando tienes experiencia de Dios te das cuenta que Dios es existencia, y que en realidad no es tanto lo que tú vives a Dios como lo que Dios te vive a ti.

Pasar de lo desconocido a lo incognoscible

Si miras un mapa que indica cómo llegar desde Nueva York a Jasper, en Canadá, no ves más que una serie de marcas en un papel. No conoces Jasper. Te puedes sentar a mirar el mapa de por vida, pero nunca te transportará físicamente a Jasper. Pero una vez que te subes al automóvil y comienzas a conducir, el mapa se transforma en un punto de referencia de lo que existe realmente. Y ver lo que está realmente allí te permite evaluar cuán acertada es la información del mapa. Una vez que has recorrido el territorio y lo has experimentado tú mismo, te das cuenta de cómo todo coincide. Y puedes tenerle suficiente confianza al mapa como para dárselo a otra persona y decirle: "Estas instrucciones te llevarán hasta allí". Los Guerreros Espirituales siguen las instrucciones del mapa hasta sus últimas consecuencias, probando y experimentando por sí mismos.

Así que recuerda que lo que está escrito aquí es desconocido para ti y no puedes tenerle confianza a lo desconocido. Tienes cierta fe en ello, cierta esperanza, lo crees hasta cierto punto, pero no le puedes tener confianza hasta que no lo hagas y compruebes que funciona. Como los Guerreros Espirituales están constantemente buscando desafíos que los lleven al siguiente nivel de fortaleza y conciencia, es esencial conocerte a ti mismo y poder tener confianza en ti mismo, porque te adentrarás en dimensiones en las cuales tú serás tu único punto de referencia.

John-Roger

Mantener la conciencia

Si practicas el trabajo interno de meditación, contemplación, oración y ejercicios espirituales, gradualmente todo esto se va volviendo familiar y el camino del Guerrero Espiritual se transforma en el camino natural para ti.

Alinéate entrenando que tu atención esté en tu intención; la convergencia se desplazará en el momento indicado. Pero recuerda siempre que te has quedado dormido una vez. No te engañes -puedes volver a quedarte dormido. Si no mantienes la conciencia perderás la alineación, y por lo tanto perderás tu sentido de la presencia de Dios. Sentirás un anhelo dentro de ti, hasta soledad cuando estés acompañado; te sentirás alienado y separado, como si no fueras parte de lo que está sucediendo.

Pero no puedes permanecer para siempre alienado y separado de lo que habita en ti. Vuelve a alinearte mirando dentro de ti y ámate. Luego ama a Dios y a los demás. Esa de hecho es la mejor alineación.

Herramienta del Guerrero Espiritual: Ejercicios Espirituales

Los ejercicios espirituales están diseñados para ayudarnos a atravesar las ilusiones de los niveles más bajos y a alcanzar una conciencia mayor del Alma. Hacer ejercicios espirituales es una técnica activa de circunvalar la mente y las emociones mediante el uso de un tono espiritual para conectarse con la energía que fluye de Dios.

La única manera equivocada de hacer ejercicios espirituales es no hacerlos, así que no hay reglas, rituales o posturas necesarios para comenzar a practicarlos. Los ejercicios espirituales son una acción del corazón, en la cual el enfoque es la devoción y la intención clara de conocer mejor al Espíritu y a Dios.

Teniendo en cuenta lo dicho anteriormente, a continuación se describe detalladamente un procedimiento que se sugiere para hacer ejercicios espirituales durante quince minutos, para aquellas personas que desean una metodología que las apoye:

1. Encuentra un lugar silencioso, con poca luz y una silla cómoda para sentarte. Es mejor no escuchar música mientras haces ejercicios espirituales.

2. Siéntate derecho y cierra los ojos.

3. Haz una corta oración pidiendo la Luz del Espíritu Santo para el mayor bien, y pide protección y guía mientras haces tus ejercicios espirituales.

4. Canta Hu (pronunciado Jiú) o Ani-Hu (Anai-Jiú), que son los nombres sagrados de Dios. Es preferible hacerlo en silencio.

5. Mientras cantas, enfoca tu atención en la zona cercana al centro de la cabeza, directamente detrás de la frente. Es allí donde el Alma se asienta y en donde recoge su energía.

6. Una vez que has cantado por unos cinco minutos para, y escucha dentro de ti. Estás tratando de oír la corriente del sonido, el sonido de una vibración de Dios, que es muy sutil. Tal vez la oigas la primera vez que haces este ejercicio, o tal vez requieras años de práctica. Es algo muy individual.

7. Si tu mente se distrae y pierdes la concentración en escuchar, puedes recuperarla cantando otra vez.

8. Después de escuchar cinco minutos puedes continuar escuchando y mirar adentro, o

Herramienta del Guerrero Espiritual: Ejercicios Espirituales

volver a cantar. Los períodos de tiempo son aproximados. La idea es pasar el tiempo dedicado a los ejercicios espirituales cantando y escuchando.

9. Si ves que aparece el color violeta desde la derecha o desde el centro de tu cabeza, te puedes permitir seguirlo, porque ésta es una de las formas que toma la energía de la fuente más elevada de Luz y sonido, cuando está despertando a la gente a una conciencia de sus Almas. Se llama la Conciencia del Viajero Místico. Si el color aparece desde el lado izquierdo te aconsejamos que no lo sigas, porque a menudo se trata de una influencia negativa. (Todo esto se aplica a cuando miras hacia adentro).

10. Cuando hayan transcurrido otros cinco minutos más puedes abrir los ojos. Puedes mover los dedos de las manos y de los pies para atraer la energía de regreso al cuerpo físico.

Así termina tu sesión de quince minutos de ejercicios espirituales. Con la práctica diaria puedes ir incrementando poco a poco el tiempo que le dedicas, hasta llegar a las dos horas diarias recomendadas. Cuando haces ejercicios espirituales durante períodos más largos, puedes alargar el período de cantar y de escuchar a quince cada uno. Por ejemplo, en una sesión de ejercicios espirituales de una hora, puedes cantar quince minutos, escuchar quince minutos, y luego repetir el ciclo de cantar y escuchar una vez más.

Todo lo indicado anteriormente no son más que pautas, y es importante recordar que la única forma incorrecta de hacer ejercicios espirituales es no hacerlos. Así que puedes experimentar cuando haces ejercicios espirituales, usando lo que te funcionó una vez en particular sin apegarte demasiado a ninguna forma. Y, una vez más, el enfoque está en hacer tus ejercicios espirituales con tanto amor y devoción a Dios como puedas.

Capítulo 8

Conectar los lados izquierdo y derecho de la conciencia

El propósito aquí
no es hablar de separación
entre los lados izquierdo y derecho,
sino el de llevarte hacia la unidad del lado en el que te encuentras.
Entonces tú, automáticamente, pondrás un pie a cada lado del sendero,
porque verás el lado derecho y su valor
y el lado izquierdo y su valor.
El Alma es ambos.

John-Roger

En el Capítulo 6 comparé el proceso de crecimiento espiritual y de expansión con el escalar una montaña. Cada vez que llegamos a un nuevo nivel debemos pasar una prueba antes de seguir al nivel siguiente, más elevado. Una de las formas que puede tomar la prueba es la lucha para mantener el equilibrio entre los lados izquierdo y derecho del Espíritu. Las cualidades pasivas o negativas del lado izquierdo nos ponen a prueba para verificar si realmente creemos en lo que pretendemos, para ver si nuestra "casa espiritual" está construida sobre rocas o sobre arena.

Cada vez que resuelves hacer algo, ya sea ponerte a dieta o hacer ejercicios espirituales todos los días, el poder negativo te presentará un desafío que te permitirá demostrar cuán poderosa es tu intención. El lado izquierdo se presenta como el abogado del diablo dentro de nosotros. Para los Guerreros Espirituales las pruebas que él nos presenta, las dudas, los obstáculos, son esenciales, porque nos indican a dónde estamos yendo; nos ayudan a definir nuestra intención y nos hacen trabajar para cumplirla. Es por esta razón que debes mantener contacto con los dos lados -el izquierdo y el derecho- para ser uno espiritualmente.

Pero los Guerreros Espirituales no deben seguir el camino del lado izquierdo. Una metáfora de esto es la del becerro de oro de los tiempos de Moisés, adorado al pie del Monte del Sinaí a pesar de ser un ídolo falso. El sendero del lado izquierdo entra en los ritos de la fertilidad y termina siendo identificado como brujería o magia blanca. Se transforma en magia negra cuando la forma masculina trata de asumir el control una vez más y suprime

Conectar los lados izquierdo y derecho de la conciencia

lo que según él dice que la forma femenina le hizo. Y así llegamos a la batalla de los sexos, lo masculino contra lo femenino.

Masculino y femenino

Hay quienes sienten que hay un eslabón perdido en sus vidas, lo que les dificulta la alineación, impidiéndoles avanzar con mayor determinación. El hombre siente que no puede alinearse hasta que no haya logrado una relación perfecta con una mujer. La mujer siente que será incompleta hasta que no tenga una relación perfecta con un hombre. Los seres humanos tratamos constantemente de sustituir la relación que realmente añoramos -la relación con Dios- por relaciones entre nosotros.

Ha habido muy pocas enseñanzas que hayan declarado que el hombre alcanzará su identidad a través del lado derecho para llegar a Dios. Cuántas enseñanzas se atreven a decirle a las mujeres: "No te acerques al hombre porque lo harás descender. El quiere tener relaciones sexuales contigo para poder conocerse a sí mismo a través de tu cuerpo. Si lo aceptas, parecerá que todas sus dudas, miedos y preocupaciones son aceptables".

Puede ser más difícil ocupar una forma femenina porque (y es necesario que comprendas la manera en que se dice esto, para que no te cause resentimiento) la forma femenina siempre ha tendido hacia la conciencia del lado izquierdo. A través de los siglos, mediante las enseñanzas tradicionales de madre a hija, han aumentado las dimensiones de la energía del lado izquierdo.

Los hombres se fascinan con esta energía del lado izquierdo, porque su propio lado izquierdo es a veces algo aburrido. En lugar de volverse hacia la conciencia elevada del lado derecho, los hombres buscan una persona del género femenino. A medida que se acercan más y más a ella al hacerle la corte, tienden a perder la identidad del campo de energía del lado derecho. Llegan a conocer su identidad solamente a través de la mujer, o sea, de la energía del lado izquierdo. Y es así que el hombre desciende desde la conciencia espiritual a lo material. Cae y la mujer lo afirma y se transforma ella en su salvación. Él alcanza su identidad a través de la feminidad, es decir, de la energía del lado izquierdo.

Cuando se da cuenta de que ha caído, el hombre no se siente a gusto consigo mismo, y quiere tener relaciones sexuales una vez más, y de esa manera vuelve a resbalar hacia el lado izquierdo. En lugar de encontrar la validación que busca, produce niños y luego dice: "¡Ah, qué maravillosos son los niños! ¡Y son míos!" Y trata de llevarlos hacia el lado derecho, pero su esposa no se lo permite. ¿Por qué? Porque son sus hijos. Salieron de su cuerpo. ¿Qué hizo él, excepto utilizar su pene? Suena crudo, pero ¿de qué otra manera se hace?

Es muy fácil verlo si se revisa la historia de la sociedad. Los hombres, en búsqueda de su identidad, han admirado la forma femenina con sus adornos, y la han juzgado contra su comparativa crudeza y tosquedad. Pero la tosquedad del hombre es en realidad una rebelión contra su propia forma femenina. No hace falta que se rebele. Todo lo que tiene que hacer es recorrer su propio camino. Nadie se lo

Conectar los lados izquierdo y derecho de la conciencia

ha dicho. Solamente le han hablado del miedo a la muerte y de irse al infierno. Así que la identidad del hombre no existe para él como ser espiritual y sexual dentro del campo de energía que es su cuerpo, y no sabe cómo recuperarla. Adquiere costumbres promiscuas con la esperanza de encontrar a alguien que le diga: "Tú lo eres todo".

Básicamente, la situación es la misma para las mujeres. Por la forma en que funciona nuestra sociedad, la mujer anhela obtener la energía del lado derecho a través de un hombre. Pero las mujeres necesitan cruzar al lado derecho y conseguir la energía, traerla consigo, equilibrarla, para luego ascender. Los hombres deben ir a buscar la energía al lado izquierdo, traerla consigo, para luego ascender.

Este no es un tema popular. La gente utiliza su ego para dudar o negar estos hechos. Pero eso no cambia las cosas. En última instancia, con lo que siempre te las tienes que ver es esto: ¿Qué estás haciendo con tu energía? Puedes acceder a la energía del lado izquierdo y estar en unidad contigo mismo. Y tan pronto estás en unidad accedes a la plenitud del Espíritu.

Ser completo en ti mismo

He conocido a tanta gente que reza desesperadamente para conseguir un hombre o una mujer, generalmente un hombre rico y buen mozo o una mujer rica y bella. Están tan seguros de que esta persona es lo que necesitan, que no se detienen a preguntarse a sí mismos qué es lo en realidad necesitan, y de dónde les surge ese deseo. Yo les digo: "Es mucho más apropiado rezar para lograr la iluminación, para ver a Dios, para que el Espíritu Santo te llene y para caminar en la Luz de Dios, porque la verdadera felicidad, la verdadera abundancia, provienen de Dios y no de los seres humanos".

El Guerrero Espiritual, sin rechazar al sexo opuesto, reconoce que cada Alma tiene en sí misma los elementos para ser completa. Ninguna otra persona puede darnos la unión perfecta que proviene de Dios. ¡Qué difícil es aceptar este hecho! Nos resulta tan fácil hacernos dependientes de otra persona a nivel emocional, e incluso a nivel espiritual, incluyendo (en particular) a aquellos a quienes más amamos. La unión con Dios requiere cierta soledad y esto puede asustarnos. Es necesario trabajar para llegar a ser completo en ti mismo, para buscar tu energía y tu amor en Dios, en lugar de buscarlos en las relaciones personales. Solamente cuando el hombre tanto como la mujer son completos en sí mismos pueden vivir con alegría y apoyarse verdaderamente el uno al otro. Sólo cuando cada integrante de la relación asume la responsabilidad de su propia relación con Dios, pueden alcanzar la verdadera relación que Dios desea que tengan hombres y mujeres.

Equilibrio y unidad

El Guerrero Espiritual camina con actitud abierta, aprendiendo tanto del lado izquierdo como del derecho. Y aprendemos de la negatividad del lado izquierdo sin tener que internarnos por ese reino. Aprendemos del lado derecho sin caer en la inflexibilidad y el rencor. Caminamos en los dos lados de este angosto sendero, que verdaderamente es angosto.

Conectar los lados izquierdo y derecho de la conciencia

El propósito aquí no es hablar de separación entre los lados izquierdo y derecho, sino el de llevarte a la unidad del lado en el que estás. Entonces tú, de manera automática, pondrás un pie a cada lado del sendero, porque verás el lado derecho y el valor que tiene, y el lado izquierdo y el valor que tiene. El Alma es ambos.

Alineamos nuestro Espíritu desde ambos lados. Es perfecto cuando los dos están equilibrados; es como una batería en la cual la polaridad positiva y la negativa se equiparan. Si te inclinas demasiado hacia un lado, pierdes el equilibrio. Reza estando en el centro del Espíritu.

Estudia tus sentimientos y pensamientos, tus convicciones y tus actitudes. Los grandes maestros han dicho "Conócete a ti mismo" y también "Sé leal a ti mismo". Conocerte a ti mismo y ser leal a ti es uno de los escalones fundamentales en el camino hacia la realidad. ¿Pero cómo puedes acceder a la realidad si estás viviendo una fantasía? Debes saber que ambas fuerzas tienen poder. Lo femenino no es necesariamente débil y tampoco lo masculino es necesariamente fuerte. Y todos contenemos elementos de ambos.

El Alma es masculina tanto como femenina, o ninguna de las dos, dependiendo de cómo quieras verlo. En realidad es mucho más que ambas juntas o ninguna de las dos. Es parte de la Divinidad. Así que también es rocas y árboles y hormigas y caracoles y agua y nubes y nieve y lluvia; no en su forma física sino en su esencia.

John-Roger

Por lo tanto, quedarse estancado en lo masculino o en lo femenino es una distracción. Aléjate de cualquiera que te sugiera: "No puedo buscar a Dios hasta que . . . hasta que me case, hasta que tenga hijos, hasta que mis hijos crezcan, hasta mi próxima vida, hasta que no sea una persona diferente", y así siguiendo. Dios es para cada uno de nosotros, ahora mismo, tal cual somos.

Es necesario aceptar el lado izquierdo y el lado derecho tal como son y, al mismo tiempo, hay que integrarlos. Entonces, todo el tiempo estamos tratando de equilibrar.

Si tu intención es despertarte, debes equilibrar la energía masculina y femenina de los lados derecho e izquierdo de tu Alma. No hay una manera perfecta o permanente de hacerlo. Mientras tengamos un cuerpo físico, caeremos una y otra vez. ¿Y qué? No es importante cuán a menudo te caigas; lo importante es cuán rápido te levantes.

Secreto del Guerrero Espiritual: Dejar ir

Cuando quieras cambiar algo o a alguien, cámbialo antes dentro de ti. Dentro de ti es el único lugar en el que puedes cambiar algo. Es allí donde todo reside. Llevas el mundo entero dentro de ti a donde quiera que vayas. Un budista famoso ilustra esta verdad con una hermosa historia.

Dos monjes se aproximan a un río agitado, donde hay una mujer que no puede cruzarlo. Los monjes han jurado no tocar a mujer alguna, pero uno de ellos la alza en sus brazos, cruza con ella el río y la deposita en la orilla opuesta. Esto inquieta mucho al otro monje, pero no dice nada. Sin embargo su inquietud aumenta, y a los tres días se lo comunica al otro monje, diciéndole:

—Hemos jurado no tocar jamás a una mujer y, sin embargo, cruzaste en brazos a la mujer que estaba en el río.

—Yo la cargué a través del río y la deposité en la otra orilla, le respondío después de haberlo escuchado con calma hasta el final, tú llevas tres días cargándola.

Es posible que de vez en cuando te enojes con gente que te haya causado malestar en el pasado.

Tal vez algunos de ellos ya estén muertos; a otros es posible que no los vuelvas a ver jamás; y a algunos piensas que los perdonaste. La discusión ya pasó, se acabó la pelea, pero su eco sigue resonando dentro de ti. Sigues cargando el malestar contigo, manteniéndolo vivo con tu energía.

El Guerrero Espiritual aprende a dejar ir. Simplemente deja ir.

Capítulo 9

Acosar al Espíritu

En los mundos del Espíritu el tiempo no existe.
Sin embargo, en este mundo,
el tiempo es un bien muy preciado.
Este mundo físico es tu trampolín
hacia la conciencia superior.
Nuestros cuerpos, mentes, emociones, inconscientes y Alma
se reunen al unísono
para brindarnos la mejor oportunidad en el universo
de crecer y elevarnos.

Lo más difícil de ser un Guerrero Espiritual es confrontarse consigo mismo. Son los momentos en que estás libre de las distracciones del mundo físico los que te ofrecen la mejor posibilidad de elevarte. Aprovecha cada oportunidad que se te presente, porque vivirás en este mundo, te casarás, tendrás hijos, pasarás la vida esclavizado a pagar el automóvil y pagar la casa, trabajarás ocho horas por día y morirás . . . y no podrás llevarte nada de eso contigo.

Lo único que puedes llevarte contigo, lo único que vivirá y no morirá jamás, es el Alma.

Como se ha dicho tantas veces en este libro, el Guerrero Espiritual debe tener esta intención muy clara: "Tengo los ojos puestos en Ti, Señor, sólo en Ti". Eso significa que voy a hacer solamente las cosas que me acerquen al Señor, sin prestar atención a las distracciones que se me presenten. Aclarar tu intención y anclarla dentro de ti es la esencia de eso que es ser un Guerrero Espiritual. Así que debes ser determinado. No digo serio, sino determinado con respecto a lo que estás haciendo aquí. El camino de la religión es serio, pero el camino espiritual es sincero y está lleno de alegría y de risas.

Como ya hemos aprendido, los Guerreros Espirituales llevan al frente la Espada de sus Corazones. Usan su conciencia como arma principal y su intención, de armadura. Si tu intención es ser amoroso y cariñoso, no puedes permitir que nada que no sea amoroso y cariñoso entre en ti.

Acosar al Espíritu

Elige tu intención cuidadosamente, y luego practica para que puedas mantener tu conciencia enfocada en ella, y que ella se transforme en la luz que guíe tu vida. A veces aplazamos cosas y nos prometemos que las haremos más tarde. Dejamos las cosas para después porque pensamos que siempre tendremos el lujo de contar con tiempo. Pero para el Guerrero Espiritual 'más tarde' *es* 'ahora'. Vivimos conscientes de nuestra muerte y, por lo tanto, sin apurarnos y tampoco precipitarnos de una cosa a otra, nos esforzamos por no desperdiciar ningún momento que podría haber sido dedicado a la búsqueda de Dios.

Imagínate por un momento que mañana sea el último día de tu vida. ¿Qué sentimientos surgen dentro de ti? Para convertirte en un Guerrero Espiritual, de aquí en adelante deberás estar consciente de la posibilidad y de la certeza de la muerte, y aceptarla.

Eso significa que la mayoría de las cosas a las que prestas atención actualmente comenzarán a parecerte insignificantes. Adquirir, gastar, buscar, hacer cola, las noticias, los plazos de entrega, la tensión y la ansiedad, todo esto se atenúa frente a la idea de la muerte. La belleza de la muerte es su libertad. ¿Qué te importa lo que piense la gente cuando te estás muriendo? ¿Qué te importa el triunfo o la derrota? A medida que te enfoques en tu muerte, comenzarás a enfocarte en tus prioridades, en lo que es realmente importante.

Hay una pregunta bien antigua que dice: "Si te quedara un sólo día en este mundo, ¿cómo lo pasarías?" Tal vez sea una pregunta tonta, pero vale la pena pensar en ella unos minutos.

Como no sabemos en qué instante vamos a morir, para que podamos perdonarnos y orar y enfocarnos en Dios en el momento de la muerte, más vale que comencemos a hacerlo ahora mismo.

¿Comienzas a darte cuenta de lo valioso que es el tiempo que has tenido hasta ahora? ¿Y cuánto más valioso aún es el tiempo que te queda? Tener presente la muerte no es una morbosidad. Es estar consciente, como Guerrero Espiritual, de que no tienes tiempo que perder.

Tal vez ahora veas por qué no tienes tiempo de hacer otra cosa que concentrarte en tu propósito o intención. Si hay algo más que te importe, esta es la oportunidad de ver qué es. Como Guerrero Espiritual no puedes perder un instante. Por supuesto, como ser humano común y corriente tienes todo el tiempo que quieras. Los seres humanos prefieren concentrarse en la incertidumbre de sus vidas y preocuparse, en lugar de enfocarse en la única cosa que es totalmente cierta: La muerte.

Te guste o no, el resultado final está siempre presente. Ya sea que veas las fallas de los demás o que le eches la culpa a alguien porque no conseguiste un trabajo, de tus problemas económicos o porque no te sientes satisfecho, con el tiempo el resultado final vuelve a hacerse presente.

Acosar al Espíritu

La verdadera sabiduría reside en asumir tu responsabilidad ahora, en lugar de esperar a que el tiempo cambie y corrija las cosas, para probar que tenías razón.

Así que dedica un momento ahora mismo a definir tu intención como Guerrero Espiritual. Tal vez quieras hacerte las siguientes preguntas (también se te irán ocurriendo otras preguntas pertinentes):

¿Hay algo que yo no haya hecho o dicho?
¿Qué cosas he dejado incompletas?
¿Cómo podría completarlas antes de morir?

Muchas veces las cosas que te atañen están envueltas en recuerdos que te arrastran al pasado. Completar no significa necesariamente terminar algo físicamente. Puedes declarar que has completado algo diciendo: "Está terminado. Voy a dejar de hacerlo. Lo declaro completo en las condiciones en que está ahora".

Cuando no has dado algo por terminado, sientes un peso que es la sensación de falta de conclusión, que drena tu energía un poquito cada vez que lo recuerdas. Tal vez vayas caminando, y te sientas realmente bien y contento, y de pronto algún incidente del pasado atrapa tu atención. Dices: "¡Oh, no! ¿De dónde salió esto? No me acordaba de esto hace años. Ahora me siento muy mal".

Hazte un favor. Mírate ahora mismo. No hace falta que hagas nada al respecto, pero *mírate*. ¿Qué necesitas terminar? ¿Qué necesitas dejar ir? Cuando realmente te hayas perdonado a ti y a los demás te rodeará y llenará la protección total de Dios; podrás recorrer el mundo protegido por la armadura de Dios, sin necesidad de ir luchando, sino caminando. Avanza con determinación, aunque a veces ella se manifieste como terquedad, pero siempre estarás protegido por la armadura. Verás que los temores y las culpas del pasado no tendrán el poder de herirte.

Implacabilidad e impecabilidad

Presta atención a lo que te dices a ti mismo. En un momento de silencio realmente escúchate. Si surge la negatividad, manifestada en temores y dudas, desafíala. Sabes por experiencia que no te puede herir. Lo real eres tú, y eso no puede ser ni amenazado ni herido.

> **Probablemente estés pensando que tienes tiempo suficiente para pensar en todo esto, y que un día de estos te convertirás en un Guerrero Espiritual. Bienvenido a la especie humana. Observa qué lento es el progreso de los seres humanos. Es cierto que en cuanto a tecnología avanzamos mucho, pero como especie continuamos haciendo las mismas cosas destructivas que se narraban en La Biblia hace miles de años. Lo que nos impide madurar es pensar que tenemos todo el tiempo del mundo. Aplazar las cosas es como contaminar. Es un desperdicio, es descuidado y merma nuestra energía.**

Tal vez hayas pensado cuando comenzaste a leer este libro que los Guerreros Espirituales son peleadores y combativos, y que destruyen con facilidad todos los obstáculos que se cruzan en su camino, como una suerte de kung-fu psíquico. Pero a estas alturas todos nos hemos dado cuenta de que los Guerreros Espirituales no son combativos en lo más mínimo; son tan pacientes como fogosos y la batalla en la que participan es mucho más difícil que ninguna contienda física. Elimina todas las limitaciones que le has atribuido a la forma en que funciona el Alma. El Guerrero Espiritual puede hacer cualquier cosa. Si has decidido que vas a practicar el kung-fu espiritual o que vas a ser un guerrero samurai, te estás limitando.

Cuando la gente me pregunta cómo es un Guerrero Espiritual les contesto: "Igual a ti". Se trata de lo que haces adentro mientras participas afuera: una forma muy sencilla de vivir, una armonía y un equilibrio interno.

El Guerrero Espiritual no llega a conclusiones ni asume posturas que deban ser defendidas.

Examinemos la implacabilidad una vez más. Los Guerreros Espirituales son absolutamente implacables cuando se trata de darle cabida a cosas en su conciencia. Usan la Espada de la Verdad para cercenar rápida y limpiamente todo lo externo, las posturas mentales y las adicciones que les dificultan su progreso. Esta es la Espada del Corazón, del corazón espiritual, que es el corazón de nuestra sabiduría. A medida que elimines los desperdicios de tu vida puede que sientas resistencia e incomodidad. Tal vez te sientas confuso, soñoliento, inquieto o distraído. No temas. Alguien dijo: "Si no te sientes raro cuando estás haciendo algo nuevo, es que no estás haciendo algo nuevo".

Observa la situación que te está molestando en este momento y pregúntate lo siguiente:

¿Qué situación me bloquea o me presenta un desafío?
¿Cuál es la ilusión en esa situación?
¿Sobre qué verdad puedo basar mi acción en esta situación?

Cierra los ojos y usa la Espada de la Verdad, la Espada del Corazón, para cercenar la ilusión. (Si te hace falta que te perdones antes, puedes hacerlo ahora.) Cuando te sientas liberado de la situación que te estaba bloqueando, abre los ojos. La idea es tener claridad contigo mismo y eliminar lo que esté muerto y que ha dejado de ser necesario.

Ahora tómate un momento para ver si existe una diferencia de calidad dentro de ti, y para revisar tu propósito o intención. Es importante darse cuenta de que esta intención es tu propósito. Es increíble la cantidad de gente que no tiene un propósito en la vida. Esgrimen algunas razones, pero no tienen un propósito. Me refiero al "propósito" como a aquello que lo consume todo, como es tu próximo aliento. No hay forma de que no respires, no hay forma de que no lo hagas. A eso es lo que yo llamo propósito.

Completar

Necesitas hacer las paces con todas las personas en tu vida. Todos ellos viven dentro de ti. No importa que estén vivos o muertos o que no los vuelvas a ver; si crean desasosiego dentro de ti, tienes que hacer las paces con ellos.

Comienza con los actores principales, tus padres. Hace muchos años que vengo recomendando llegar a buenos términos con los padres. Aun cuando tus padres hayan

Acosar al Espíritu

muerto, no es demasiado tarde para amarlos y perdonarlos. Y si están vivos, con mayor razón. Si quieres completar asuntos con tu madre, ponte en contacto con ella. Si no puedes hacerlo, apártate un momento, visualízala frente a ti y dile lo que necesitas decirle para completar lo que esté incompleto. Créeme, ella recibirá el mensaje. A medida que hables con ella o con quien sea, en voz alta o en silencio, ya sea en este mundo o en el mundo del Espíritu, crearás un equilibrio y un sentimiento de conclusión para ti. Cuando te reconcilias contigo mismo liberas energía que puedes utilizar para concentrarte en tu intención.

En los mundos del Espíritu el tiempo no existe. Sin embargo, en este mundo, el tiempo es un bien muy preciado. Este mundo físico es tu trampolín hacia la conciencia superior. Nuestros cuerpos, mentes, emociones, inconscientes y Alma se reúnen al unísono para brindarnos la mejor oportunidad en el universo de crecer y elevarnos. Por lo tanto, en los últimos días de vida que te quedan, utiliza tu tiempo para progresar.

El Guerrero Espiritual practica morir todos los días y experimenta un renacimiento a cada minuto. No se trata de la muerte física, sino de la voluntad de verlo todo como algo totalmente nuevo en cada instante.

Es muy importante que entiendas algo. Estás aquí, en este planeta, porque en determinado momento en tus existencias actuaste incorrectamente. *No lo hiciste como debías, y por eso regresaste.* **Y más aún; tal vez ésta no sea**

la última vez si continúas actuando como lo estás haciendo.

Ese sufrimiento que experimentaste años atrás (sean cinco, quince o cincuenta) ¡entiérralo ya! Cuando eres una víctima del pasado vives en el pasado, y eso significa la muerte en vida. Cuando fuiste joven tomaste decisiones, pero esas decisiones no resultaron bien y te sentiste herido. Está bien. Te sentiste herido. Pero eso ya pasó. Entiérralo. Déjalo ir y vuelve al presente, porque es en el presente en donde vive Dios.

Hemos estado en la oscuridad tanto, tanto tiempo. Si la iluminación nos alcanza en nuestro último aliento, esta vida ha merecido la pena y está bendita. Si la iluminación no nos llega con el último aliento, si no nos llega nunca, es porque acabas de recorrer otra muerte en vida. Hubo emociones y sensaciones buenas pero el amor viviente no estuvo presente. Una vida sin amor viviente no es la vida para un Guerrero Espiritual.

Una mujer que yo conozco fue a visitar a una amiga suya, a quien le quedaban dos o tres días de vida, y le dijo: "Si a mí me quedaran tan pocos días de vida, yo estaría escribiéndole a mis hijos, filmando y dictando cómo quiero que la encargada se ocupe de la casa, cómo quiero que se ocupe de los niños. Estaría dejándole instrucciones a mi esposo para conseguir otra buena esposa".

Y de pronto se calló y pensó: "¿Qué estaría haciendo realmente si me quedaran tres días de vida?"

Y en ese momento se puso a llorar. Por primera vez había comprendido la inmediatez de la muerte. Se dio cuenta de que el momento de la muerte no es la ocasión de mirar hacia atrás, de ocuparse del pasado. Es el momento de vivir en el presente.

La muerte como amiga:
Un *ejercicio para vivir la vida con mayor plenitud*

Los obituarios presentan generalmente un resumen de tu vida y de tus logros y de las cosas interesantes que hiciste. ¿Qué pasaría si pudieras escribir tu propio obituario con la intención de revelar tu fuero interno? Después de todo, eres el único que conoce tu historia completa, detallada. ¿Cómo ves tu vida? Te recomendamos que hagas el siguiente ejercicio. *Para obtener todo su valor, hazlo como si fueras a morir mañana.*

1. Dedica unos minutos a responder mentalmente la siguiente pregunta: *¿Cuál es el mensaje esencial que me ha dado la vida?*

2. En un papel completa la siguiente frase: *Si hubiera sabido que iba a morir tan pronto . . .*

3. Ahora ve a un lugar tranquilo, donde no haya posibilidad de que te molesten, y escribe tu obituario. No hace falta que escribas más de dos páginas. En algún lado incluye la respuesta que escribiste en el punto número 2.

4. Cuando termines, dedica 15 minutos a la contemplación en silencio, perdonándote por cualquier juicio que tengas con respecto a tu vida. Dedica por lo menos cinco minutos a la gratitud. Si lo deseas,

puedes hacer una lista mental de las cosas de las cuales estás agradecido.

En la película Black Robe (Sotana Negra, en algunos países de habla hispana), un jefe indio tiene una visión de su muerte. Más adelante llega al lugar que apareció en su visión. Y en su lecho de muerte dice que si hubiera sabido cuando tuvo la visión, que estaba viendo el lugar de su muerte, hubiera sido un mejor jefe; hubiera ayudado a más gente, hubiera sido más valiente, etc. En otras palabras, se da cuenta de que dado que no podía haber muerto antes de este momento, podría haber sido más osado, podría haber evitado que sus miedos lo detuvieran. Pero para entonces ya era demasiado tarde.

Cómo morimos es muy importante porque esos son nuestros últimos pensamientos y sentimientos en esta vida. La forma en que manejemos la confusión de nuestra existencia determinará qué posición ocuparemos en los reinos del Espíritu cuando nos vayamos de aquí. Así que es muy, muy importante. Como Guerrero Espiritual, la vida que has estado viviendo hasta ahora en este planeta ha sido un ensayo de la muerte. Debes saber cómo abandonar el cuerpo limpiamente. Tienes que saber dónde vas a ubicar tu conciencia. Es por eso que la meditación, la contemplación, los Ejercicios Espirituales, la oración, todas estas cosas, son muy, muy importantes para la

Acosar al Espíritu

espiritualidad de cualquier individuo. Cuanto más vivas en Dios y en el amor de Dios, y en la extensión de esa conciencia hacia ti, será más fácil para tus pensamientos concentrarse en eso. Y allí es donde irás. Así que no se trata de un pronunciamiento moral o religioso, sino de un pronunciamiento muy práctico cuando digo, sí, mantén una mente limpia, un cuerpo limpio y emociones limpias observando dónde los colocas. Y si dices: "¡Ah, pero mira todo eso que hice en el pasado!", ¿Qué más da? Tienes razón, es del pasado.

Acosar al espíritu

La mayoría de nosotros tiene miedo a morir. Pero cuando podemos hacer contacto con el Espíritu dentro de nosotros hayamos paz, y la muerte nos parece tan natural como la respiración. La vida presupone la muerte y la muerte presupone la vida. Jugamos a un juego con nosotros mismos: pretendemos que si podemos confundir a la muerte, despistarla, escondernos de la muerte, olvidarnos de la muerte, la muerte se olvidará de nosotros. Pero los Guerreros Espirituales enfrentan a la muerte con la mirada, y eso los libera para poder concentrarse en la vida. Mientras la muerte te acosa a ti, tú debes acosar al Espíritu.

Si eres un Guerrero Espiritual, a través de los ejercicios espirituales puedes aprender a dejar atrás tu cuerpo y trascender al Espíritu mientras estás viviendo en esta tierra. Entonces la muerte te confunde y piensa que eres parte de su ser espiritual, y te deja tranquilo. No para siempre, por supuesto, pero en lo que respecta a esa muerte diaria que es el miedo a la muerte. Así que cuando finalmente mueres, mueres una sola vez. Mueres únicamente la muerte del cuerpo.

Siéntate a meditar o a hacer Ejercicios Espirituales y cierra los ojos; ten la intención de acosar al Espíritu. Entonces el Espíritu comienza a amarte y a ser amado por ti. Te internas más y más en el Espíritu y la serenidad se apodera de ti. No se trata de algo mental. No es lo que piensas que es la "felicidad". Es un campo de energía que es, en sí mismo, total y completo; se llama Dios. Cuando experimentamos esta serenidad es como si tocáramos a Dios. Sientes que eres el Bienamado, luego sabes que eres el Bienamado, entonces simplemente eres el Bienamado.

El problema es que la mayoría de la gente está al acecho de la muerte. Aquellos que están al acecho del Espíritu evitan las reglas del juego de la muerte, se escabullen de los vínculos de la muerte y pasan directamente a la Luz. La muerte no tiene trato con el amor, ni con la salud, la riqueza o la felicidad; ni con la prosperidad, la abundancia o las posesiones; ni con la amorosidad, el cariño, el compartir y el tocar. La muerte se encarga de eliminar tu conciencia de este nivel. Cuando estamos totalmente en Dios, completamente libres del miedo a la muerte, es cuando la muerte nos deja tranquilos. Dejamos de escapar de ella y por eso no puede reconocernos como su presa.

Acosar al Espíritu

Debemos ser fuertes en nuestra temeridad. En el momento que resbalamos, en el momento que comenzamos a pensar: "¡Ay, Dios mío, tal vez me muera! Tal vez me caiga. Tal vez . . ."., la muerte dice: "¡Ah, allí estás! Pensé que te había perdido", y comienza a acosarte una vez más. No debes permitir esto. A través de la oración, la meditación, la contemplación, los ejercicios espirituales, el servicio y el amor, conquistamos a la muerte.

El Guerrero Espiritual mira a la muerte y la ama. La muerte no viene a eliminarlo, sino a liberarlo del dolor y del pesar.

La gente que ha aprendido a tomar la muerte como una liberación del dolor de esta tierra, le da la bienvenida a ella como a una verdadera amiga. La muerte se transforma, y en lugar de ser esa figura macabra, guadaña en mano, es quien nos da una nueva oportunidad. Acosa al Espíritu. Los Guerreros Espirituales acosan al espíritu de la vida.

El corazón: Un ejercicio para amarte a ti mismo

Graba lo que aparece a continuación y luego escúchalo, y *observa*, no oyendo tu propia voz sino la voz del Espíritu que te habla.

Es el Espíritu que le dice estas palabras a tu corazón. Escucha a ese corazón, y llénalo de Divinidad

Respira, siente que tu corazón se expande y siente la energía en tu corazón.

Pon la mano sobre tu corazón. Puedes poner ambas manos y saber que la Divinidad y el amor existen. Sencillamente lo sabes, y lo sientes.

Si se te pone la piel de gallina, respiras agitadamente o experimentas movimiento de energía, es una indicación de que estas comenzando a internarte en él. Sigue presente; no apartes tu mente hacia otra cosa. Haz solamente esto. Quédate en eso.

Poner las manos sobre el corazón te mantiene conectado con ello kinestéticamente.

Di: "Esto es amor. Este es amor".

Ahora, si alguna parte de tu cuerpo no se siente bien, haz que el amor se extienda hasta allí y que la toque. Si comienzas a irte, regresa. Tócala otra vez y siéntela. Di: "Esto es la Divinidad. Esto es amor. Aquí es donde se ubica dentro de mí. Desde mi corazón y desde el centro de mi corazón le doy amor a todo mi cuerpo".

Si sientes una sensación extraña en el estomago, tócalo.

Si estas comenzando a sentir algo en la cabeza, tócala.

Di: "Este amor va hacia allá y a través de mí lo alcanza".

Si no puedes hacerlo, piensa en alguien que realmente ames, que puede ser tu esposa o esposo, tu hijo, tu vida, Dios. Toma ese sentimiento y haz que se despierte en tu corazón, porque es tu Divinidad. Es tuya. Cuando se active, inunda tu cuerpo con ella y descubrirás que eres un conmutador de energía divina y ésta descenderá rodeándote.

El amor es quien cura. La alegría es su expresión.

El valor de la vida

Como hemos dicho anteriormente, la muerte se puede tomar como una liberación. Podemos usar este concepto en nuestra vida cotidiana. Se le ha llamado morir cada día.

Acosar al Espíritu

Observa lo que te molesta en este momento, o lo que te obsesiona. ¿Qué pasaría si te murieras mañana? ¿Cuán importante sería todo esto para ti? Desde esta perspectiva, no sería muy importante. El hecho es que no ocurre nada muy importante en nuestras vidas. Nosotros les atribuimos importancia a las cosas. Les damos la energía. Les construimos monumentos. Y luego decidimos que deben ser importantes, dada cuánta energía les hemos dedicado. Aunque es bueno que entiendas que lo único que importa es el Alma, porque es eterna; todo lo demás se encuentra en estado de descomposición.

Un ejercicio para observar la vida en la tierra

Dedica un día *enteramente* a ti. Al comenzarlo imagínate que acabas de morir. ¿Qué responsabilidades te quedan? Ninguna. No necesitas lograr nada, ni ir a ninguna parte. Todo lo que tienes que hacer es asumir que estás muerto y observar al mundo y la gente en él desde esa perspectiva. No vas a hablar mucho, porque ya no tienes voz; y te darás cuenta de que no hay nada que decir. Estarás contigo mismo, tu Alma y su energía. Sin distracciones, sin interrupciones, mantendrás tu intención con soltura, sin esfuerzo, sin tensión, es solamente Espíritu. Puedes comer algo simple, pero no permitas que esto te distraiga o te robe energía. Durante este día el tiempo no importa, porque en el Espíritu no existe el tiempo. El único tiempo es el ahora.

Toma conciencia de que hay muchas más cosas en la vida que aquellas en las que participaste cuando estabas vivo. Además, en ese momento no sabías de dónde habías venido antes de existir, así que no sabías que ya habías hecho las mismas cosas que hiciste muchas veces en la última vida, y que te habías quedado atascado en ellas. Todas tus preocupaciones, inquietudes y la autoimportancia que te diste no te sirvieron para avanzar al siguiente nivel de expresión.

De hecho, te das cuenta de que estabas en el mismo nivel de expresión y quizás hasta expresándote de la misma manera. Por eso, cuando pensamos que estamos tan en contacto con nuestras vidas pasadas, ¿qué importancia tiene esto?; no es por casualidad que nos parecen tan familiares.

Piensa durante este ejercicio, ¿qué podría hacer yo diferente para avanzar al siguiente nivel? ¿Qué tengo que hacer para lograrlo? ¿Te iría mejor si pudieras tener una habilidad o una bendición especial? ¿Podrías pasar por este lugar llamado Tierra y seguir siendo libre, y mantener tu corazón y tu enfoque en tu intención? La idea es que si se te concediera un deseo, una bendición o un regalo que pudieras traer contigo, ¿cuál sería este? Tal vez lo primero que se te ocurra sea tener más dinero. Pero como habrás notado, no todos los que tienen dinero de sobra son extremadamente felices. Las que cuentan son las cualidades internas. En consecuencia, préstale mucha atención a esto.

Por ahora, ponte cómodo y relájate porque el siguiente capítulo te dará una serie de instrucciones para vivir la vida en la Tierra durante tu día de observación. Reléelo en la mañana del día en que decidas hacer el ejercicio que acabamos de describir.

Capítulo 10

Observar la vida en la Tierra: Consejos para los Viajeros

Lo único que puedes hacer en el planeta
es hacerlo lo mejor que puedas.
La gente en la Tierra lo hace lo mejor que puede,
y luego dicen que no hicieron todo lo que podían.
Y se preocupan por eso,
porque podrían haberlo hecho mejor.
Y si les dan otra oportunidad
volverán a hacerlo de la misma manera la segunda vez también.
Y la tercera y la cuarta y la quinta y la sexta.
Lo que les podrías decir es:
"Si hubieras podido hacerlo mejor,
lo habrías hecho mejor,
tú hiciste lo mejor que pudiste".

John-Roger

A continuación encontrarán la trascripción de una charla que les di a un grupo de estudiantes que se preparaban para un ejercicio en el que se imaginaban que visitaban la Tierra. Ahora lo comparto con los Guerreros Espirituales.

Una forma de experimentar la vida en el planeta Tierra es con una actitud científica, es decir, como un científico espiritual. No estoy hablando de la ciencia que enseña: "Determina lo que quieres encontrar y luego ve y encuéntralo". Estoy hablando de una ciencia que enseña a ver lo que está allí, para luego registrarlo y permitirle que nos diga lo que está siempre presente, de manera que seas siempre el estudiante, siempre el que aprenda. Este ejercicio te servirá para recordar que lo que primero hace el Guerrero Espiritual es observar, y luego se esfuerza por aprenderlo y aceptarlo. Siempre.

Tan pronto dejas de observar y tratas de explicarle a alguien lo que está allí, comienzas a convertirte en el maestro. No lo hagas. Tú eres un turista, Se supone que debes observar a los seres humanos y no colocarte el manto del gurú. Si no te cuidas, te van a cancelar la visa.

Ten cuidado con la trampa que se te pone cuando las personas te empiezan a pedir que les enseñes. Si les preguntas: "¿Puedes aprender?" Te contestarán que sí, porque los seres humanos pueden decir cualquier cosa. Especialmente cuando se trata de un hombre frente a una mujer o una mujer frente a un hombre. Se lo prometen todo mutuamente y no se dan prácticamente nada.

Por eso cuando alguien te diga: "Es esto", debes ir y mirarlo. Luego te das una vuelta y vuelves a mirarlo. Esta

Observar la vida en la Tierra: Consejos para los Viajeros

vez te das una vuelta por otro lado y lo miras una vez más. Das otra vuelta y lo sigues mirando, y luego lo miras por debajo, lo miras desde todos los ángulos posibles. Cuando hayas terminado de examinarlo, no comentes tus descubrimientos, porque si lo haces te tildarán de fanático o radical y tratarán de detenerte.

A lo más sugiéreles que podrían tratar de examinarlo desde una perspectiva más amplia. Ese es el punto de vista. No te apegues a las consecuencias de lo que veas, porque no fuiste tú quien lo colocó allí. Lo único que estás haciendo es registrar lo que está allí. Ese es el método científico, y podemos aplicar este método científico al examinar sus vidas.

Necesitamos el punto de vista porque si confías simplemente en lo que los demás te dicen, hay un problema: que los demás mienten mucho. También inventan historias, te engañan, y tratan de sugerirte cosas. Pero luego dirán: "Yo no fui". Y si los descubres en el acto, dicen: "No es culpa mía, él me obligó a hacerlo. Me lavaron el cerebro".

Hablarán, pero lo que más necesitan ellos es lo que tú vas a darles, y es la comprensión amorosa de que el Dios que veneran está dentro de ellos. Verás, cuando se les implantó su propia naturaleza divina, también los programaron para un juego. El juego se llama: "Está allá afuera, por lo tanto sigue buscando hasta que lo encuentres". Como ellos lo llaman es "perseguir el éxito".

John-Roger

Pero una vez que miren en su interior y lo encuentren, la gente que predica que eso está afuera se va a quedar sin trabajo e intentarán crucificarte. Tienes que cuidarte de que no lo consigan.

No tienes que protegerte, sólo tienes que tener cuidado con lo que dices. Porque lo que tú digas te acarreará problemas, tal como lo que ellos dicen les acarreará problemas a ellos.

A la gente de la Tierra les gusta mucho preocuparse. Y más que nada, les gusta tener la razón. Afirmarán que tienen la razón y luego se preguntarán si eso es cierto. Porque algunos de sus libros dicen una cosa y otros dicen lo opuesto. Y ambos están en lo cierto.

Así que no leas demasiados libros ni los lleves contigo, porque te convencerás de que eres inteligente, lo que no es verdad, porque si lo fueras no andarías acarreando todos esos libros por allí. Dejarías que otro los cargara, porque los libros no dicen muchas cosas que puedas considerar realmente valiosas.

La gente de la Tierra te va a insultar para molestarte. Te apelarán de "tonto", "estúpido", "idiota". Pero tu coeficiente de inteligencia está muy por encima de los insultos, así que es evidente que no saben de qué están hablando. Por favor, no te rías de ellos, porque ellos se

Observar la vida en la Tierra: Consejos para los Viajeros

enojarán y buscarán a otros que se sumen a sus insultos. Y como ambos lo harán al mismo tiempo, coincidirán en que tienen razón. No te preocupes. Trata a ese abuso tal cual un balde con agua lo hace contigo cuando metes la mano en él y luego la sacas: no le queda huella alguna de tu mano. Esa es la forma de tratarlos.

Por eso no te molestes. Escucha lo que dicen y sé amable, agradeciendo sus puntos de vista. No necesitas creerles, porque ellos cuentan con un extraño bien llamado "emociones". Claro que ustedes, turistas en la Tierra, en su día libre no tendrán que vérselas mucho con las emociones. Pero para los seres humanos las emociones . . . ¡vaya! ellos se dejarían matar por sus emociones. Ya sabemos que morirán de todas maneras. Pero están dispuestos a morir prematuramente si alguien se mete con sus emociones.

¿Qué estimula sus emociones? A menudo sus emociones tienen que ver con las posesiones materiales que desean tener. Por ejemplo, quieren poseer la tierra sobre la cual están posados. Dicen: "Esta tierra es mia". Querrán poseer el jardín: "Está cercado, ¡sal de aquí!" Y tendrán un papel con un sello raro, que está registrado en algún lado, que dice que la tierra es de ellos. Y todos los que lo ven caerán de rodillas y lo adorarán y dirán: "¡Así es!" Porque esa es la forma en que ellos hacen las cosas. Podrá parecerte ridículo, pero si estás en su jardín cuando se supone que no debes estarlo, te pueden disparar un tiro. Y eso te herirá. Tal vez no te maten. Pero te gritarán: "¡Te voy a matar!" Y a veces eso te hiere más que un tiro.

Pero si te disparan, dado que son criaturas extrañas, se arrepentirán, porque tienen algo que se llama "culpa".

Bien sabes que la culpa no sirve para nada, pero ellos piensan que sí. Y harán cosas que no están bien y se sentirán culpables. Y eso les permite volver a hacerlo.

Cuando se sienten culpables les duele tanto que se castigan. Ustedes saben que cuando se quieren castigar se dan una palmada y basta.

Pero no es así con los terrícolas. Eso no es lo que hacen. Lo piensan y lo piensan, y se sienten mal y se sienten peor, y se quejan y se quejan, y repiten que se sienten culpables. Y si les preguntas: "¿Cuántas veces has hecho lo mismo?" Te contestarán: "Muchas veces". Será el momento de retirarte y de partir para otro lado, porque es evidente que no van a aprender nunca.

Recuerda, el planeta Tierra está diseñado como un gran juego. No importa lo que hagas, tienes que arreglártelas lo mejor que puedas. En realidad nada malo va a suceder, pero ellos hablarán de desastres, catástrofes, crisis y emergencias. Lo más increíble es que la gente de la Tierra ha tenido cientos de ellas. Sí, cada uno de ellos ha tenido por lo menos cien crisis y catástrofes. Pero no les preguntes sobre el tema, porque eso se los recuerda y te contarán

Observar la vida en la Tierra: Consejos para los Viajeros

con lujo de detalles: "Me pasó esto y esto y esto y esto y esto y esto". Les encanta hablar del tema.

Pero si les preguntas qué les ha pasado de bueno les llevará un rato pensar en algo. No se dan cuenta de que sobrevivieron las catástrofes y los desastres.

Esta gente de la Tierra tiene pretextos y excusas y razones para todo. Tengan lo que tengan, tendrán una excusa. Pueden pasarse todo el día en una esquina charlando y toda la noche. Al día siguiente siguen hablando. Fumarán cigarrillos y beberán y cuando se les acaba el dinero van y se lo quitan a otros. Se les acercan y les dicen: "Dame tu dinero". Y esa persona les dice: "Tendrás que matarme para quitármelo". Y los matan.

La persona que dice: "Tendrás que matarme para conseguirlo" parece haberse olvidado de que tenía más dinero en la casa, y que podría haber metido la mano en el bolsillo y haber dicho: "Aquí tienes el dinero. Adiós". Pero no, prefieren morir. Y lo que hacen con ese dinero es algo que no vale ni la pena. La mayor parte del tiempo no saben dónde lo tienen, y luego lo despilfarran.

Tienen el sistema de valores al revés. Valoran las cosas materiales que van a desaparecer. Pero lo ignoran todo sobre las cosas espirituales. Dicen que saben, pero dicen cualquier cosa. Así que, hagas lo que hagas, no les creas. Eso no quiere decir que algunos no digan la verdad. Pueden agarrarte desprevenido.

John-Roger

La gente de la Tierra dice:

—Nunca me prestas atención.

—Sí. Yo te presto atención, responde la otra persona.

—No; no es verdad, le contesta la primera.

—Si no te prestara atención no podríamos estar discutiéndolo.

—Siempre discutes lo que no debes.

Ellos siempre tienen una respuesta para todo.

Cuando vas al planeta Tierra todo lo que tienes que hacer es jugar a su juego. Pero no te quedes atrapado. No comiences a defender tu automóvil. No comiences a defender nada porque alguien se te acercará, te golpeará y te lo robará. Puedes decir: "En fin, si lo vas a usar, lo vas a usar".

Y la mayoría se vestirá con la ropa más horrible y saldrá a recorrer la calle, a mostrar lo lindos que se ven. Son lindos sin esas cosas, pero no lo creen. Así que también se pintan. No todos, pero muchos de ellos. Y hacen cosas raras con sus cuerpos para verse más bellos. Todos

Observar la vida en la Tierra: Consejos para los Viajeros

sabemos que están hechos a la imagen y semejanza de Dios, lo que quiere decir que no pueden ser más bellos de lo que son. Pero se les olvidó mirar donde está la belleza. Miran la superficie del cuerpo y miran hacia afuera, hacia el mundo.

Algunos se han dado cuenta de que si miran a otra persona a los ojos y se relajan, y la otra persona se relaja, ven algo muy dinámico y hermoso. Pero se asustan y dicen: "No quiero seguir mirando, me da miedo. Me parece que vi a Dios. O una luz brillante. Me da mucho miedo. No me digas lo que hay dentro de mí. ¿No te parece que sabría si Dios estuviera dentro de mí? ¿No te parece? Cualquiera sabría si tiene a Dios adentro. Lo sabrían porque explotarían". ¿Ves cómo ellos razonan? Y dado que no han explotado concluirán que no tienen a Dios adentro, y te lo pueden probar.

Cuando te lo demuestran, diles: "Sí, es una buena prueba". Eso es todo. Lo interpretarán como: "Es la mejor prueba que existe". Y se irán por ahí diciendo que tú dijiste: "Es la mejor prueba que existe". No hace falta que lo niegues, porque si no te llamarán mentiroso e hipócrita y todo lo que se les ocurra, pero seguirán usándote como prueba de todas maneras. Así que serás un hipócrita y mentiroso, y al mismo tiempo una autoridad para probar algo a su favor. No sé cómo podrás desempeñar ese papel, pero te van a exigir que lo hagas.

La gente en la Tierra lo hace lo mejor que puede, y luego dicen que no hicieron todo lo que podían. Y se preocupan por eso, porque podrían haberlo hecho mejor. Y si les dan otra oportunidad volverán a hacerlo de la misma manera la segunda vez también. Y la tercera y la cuarta y la quinta y la sexta. Lo que les podrías decir es: "Si hubieras podido hacerlo mejor, lo habrías hecho mejor, tú hiciste lo mejor que pudiste". Y cuando te digan: "Pruébalo", contéstales: "Mira lo que hiciste". Verás que quedan asombrados del milagro de tu percepción, porque nunca se habían tomado el tiempo de mirar. Lo único que puedes hacer en el planeta es hacerlo lo mejor que puedas.

Si te involucras con uno de ellos íntimamente te va a pedir que cambies lo que estás haciendo. Te amará por lo que eres ahora, y cuando te acerques te hará cambiar todo lo que eres. Una vez que te le acerques, tratará de que dejes de hacer las cosas que haces ahora, que le gustan. Aunque la razón por la cual quiere estar contigo es por eso que haces que le resulta tan "gracioso". Y una vez que dejes de hacerlo, no te va a querer más y ya no querrá estar contigo. Pero si lo vuelves a hacer, eso quiere decir que no lo amas y va a querer separarse de todas maneras. Así que ya ves por qué esa gente se divorcia tan a menudo. Demasiado a menudo.

Ellos aún no saben qué hacer con sus hijos. Tratan de entregárselos a los demás, pero pelearán por ellos, porque

Observar la vida en la Tierra: Consejos para los Viajeros

eso es lo que corresponde, porque así todos dirán: "¡Mira qué buena persona es!" Pero cuando los recuperan, no están seguros si los quieren o no, porque más adelante los hijos dirán cosas raras como: "Préstame el automóvil, dame dinero, me lo merezco, soy tu hijo. Regálame una bicicleta".

Y si los adultos se dan cuenta de que uno de sus hijos está haciendo algo malo, el chico dirá: "¡No, no lo hice! ¡No lo hice! ¡No lo hice!" Lo repetirá durante horas y horas, hasta que los padres se cansen y se vayan. Entonces el chico pensará: "Todo lo que tengo que hacer es cansarlos. Se están poniendo viejos y yo soy capaz de aguantar más". Y día a día la madre y el padre se pondrán más viejos y el chico más fuerte. Pero, después de todo, él aprendió a hacer eso porque eso es lo que le enseñaron.

Observa cómo se les enseña a los niños, porque ellos son la generación siguiente. Sabrás lo que va a ocurrir en el planeta simplemente observando lo que los niños están aprendiendo. Hay esperanzas, pero no muchas. ¡Si tan solo pudieran practicar lo que predican! Es decir, amarse honestamente los unos a los otros, y no juzgar. La ironía es que todos los habitantes del planeta han aprendido: "No juzgues", y ellos van a jurar: "¡Dios mío, prometo no juzgar!" Y luego juzgarán hasta el cansancio. Y juzgarán de la peor manera posible, y si no hay nada que juzgar, lo inventarán. Y si alguien los encuentra mintiendo dirán: "Bueno, a mí me pareció que era así. Esa es mi opinión y tengo derecho a mi opinión, tenga razón o no". Cuando les dices: "Pero estás diciendo cosas que no son verdad", te contestan: "La constitución me da el derecho a hablar".

John-Roger

Pienso que te darás cuenta de que la Tierra es en realidad un manicomio, y que todos los que viven en ella están locos. Viven hablando de no ir al infierno, sin darse cuenta de que al hablar del tema y concentrarse en él, ya están en el infierno. Y todos andan por ahí con su propio pequeño dios, creyendo que es el verdadero Dios. Y dicen: "Abandona al tuyo, ven y mira al mío". Ve y mira, y verás muchos dioses extraños. Algunos dirán que ellos son Dios, de pies a cabeza. Pero todos sabemos que Dios está dentro de ellos y que habita en ellos, pero ellos no lo saben.

Piensan que su cuerpo es Dios. Veneran la forma de sus cuerpos. Y cuando el cuerpo muere le hacen todo tipo de cosas carísimas, lo que nunca hicieron cuando estaba vivo. Y se acercan a sus cuerpos yacientes y dicen: "¡Ay, Dios! ¡No debería haberte hecho eso, debería haberte dicho cuánto te amaba! Realmente te amaba, y no debería haberte hecho todas esas cosas horribles. ¡Por favor, perdóname!" Pero no les dirán nada de eso mientras están vivos. Les envían flores cuando están muertos, que ellos no pueden ni oler.

Observar la vida en la Tierra: Consejos para los Viajeros

Tienen un dicho allí: "Arrepiéntete". Eso significa dejar de hacer las cosas malas que estás haciendo, para que puedas encontrar a Dios. Lo llaman el Reino de los Cielos. Algunos dicen: "Muéstrame primero el Reino de los Cielos, a ver si vale la pena que me arrepienta". Porque a lo mejor lo que están haciendo es mejor que lo que van a recibir. Y hacen negociaciones con Dios todo el tiempo: "¡Dios mío, si me sacas de esta situación nunca más volveré a hacerlo!" Y cuando salen dicen: "Ya, Dios, no hace falta que me saques; ya me salí yo solo y nuestra negociación ya no vale". No saben que Dios está escuchando y ayudándolos de todas maneras.

Algunos se están poniendo más astutos. Son los que están en el camino espiritual. No podrás distinguirlos de los demás, porque se ven iguales. Pero si los miras a los ojos verás que te devuelven la mirada. Y te dicen: "¡Hola!" Una expresión de picardía aparece en ellos, y tú piensas: "¿Qué estarán haciendo allí dentro?" Ten cuidado, porque tal vez te digan: "¡Te estoy esperando!"

Algunos de ellos se divierten muchísimo. Lo cierto es que puedes identificar a los que están en el camino espiritual; son los que están llenos de alegría y sentido del humor y que saben que algunas cosas se pueden catalogar de "serias", aun cuando no lo sean, pero ellos fingen. Y, por supuesto, tan pronto terminan con ello, vuelven a divertirse mucho.

John-Roger

En fin, pienso que ya te has hecho una idea. Las cosas pueden ser muy divertidas para los que viven en la Tierra. Si tienes sentido del humor, no lo pierdas. Porque hay muchos lugares donde puedes llegar a perderlo. Lo pierdes con esa gente que se llama maridos, y esposas, hijos y jefes. Cada vez que alguien te mencione una de esas palabras, ríete a carcajadas.

Te dirán: "Me han herido. Les prometí mi corazón, les dije cuánto los amaba, y me hirieron. Así que la próxima vez voy a decirles que les voy a entregar mi corazón, pero no lo haré. Les voy a mentir de entrada, y luego voy a vivir con ellos por el resto de mis días.

Cuando llegue el final de la relación le diré: 'Lo lamento, por favor perdóname'". ¿Sabes una cosa? La otra persona lo hará efectivamente. Ellos viven perdonando, pero no olvidan. Ya sabes que el verdadero perdonar tiene lugar cuando olvidas. Así que cuando estés allí y alguien te diga: "Perdóname", contéstale: "Olvídalo".

Si logras mantener la objetividad observando la Tierra, te irá bien. Pero recuerda, si comienzas a involucrarte con las cosas que he descrito aquí, es posible que olvides todo lo que te dije.

Disfruta de tu visita a la Tierra.

TERCERA PARTE

ENTRENAMIENTO AVANZADO

Manteniendo la Convergencia Espiritual
Un diario de quince días

A continuación te ofrezco un ejercicio que te proporcionará una experiencia más práctica del trabajo del Guerrero Espiritual.

Escribe un diario durante los próximos quince días. Comienza cada día escribiendo tu intención primordial para ese día en la parte superior de una hoja, y lee el párrafo designado para ese día. Cada uno de los párrafos le dará un punto de enfoque a tu conciencia. Al final del día relee el mismo párrafo, y luego escribe unas líneas sobre la experiencia que tuviste. Este ejercicio te ayudará a volver a hacer converger tu espíritu con su alineación.

John-Roger

DÍA UNO

Vienes a este mundo a tratar de cumplir ciertas cualidades dentro de ti y lo haces de muchas maneras. Pero todos tienen una directiva fundamental: *Estás aquí para aprender quién eres, para aprender dónde está tu hogar en el Espíritu, para ir allá en tu conciencia, y para tener una conciencia co-creadora con Dios, el Padre Supremo*. Esta es nuestra dirección primordial y nuestro propósito en este planeta. Es allí donde encontrarás satisfacción y realización.

Un diario de quince días

DÍA DOS

Es obvio que al Espíritu no le importa si algo es justo o no. El Espíritu es implacable. No implacable como quien te golpea en la cabeza o te corta un brazo y te deja morir desangrado, sino implacable en el sentido que si tu intención no está orientada hacia Él. Él no se te revela. Y si después de todas las pruebas que hemos pasado, todas las amarguras y todos los problemas que sufrimos para llegar a Él, ni nos saluda ni hace nada, eso nos parece una gran injusticia.

He aquí la paradoja: El Espíritu siempre ha estado allí, y la mayor parte del tiempo nosotros también hemos estado allí. Si nosotros hemos estado allí y Él ha estado allí, ¿cómo es posible que no supiéramos que ambos estábamos allí? ¿Qué hay dentro de nosotros que nos impide saber lo que está sucediendo?

DÍA TRES

Cuando nacimos a este mundo, sacrificamos un mundo espiritual. Cuando nacemos aquí entramos en una condición llamada sacrificio. Desde el mundo espiritual en el que existimos como Espíritu, como amor puro, miramos hacia este mundo material y, desde ese elevado nivel de amor, vimos que éramos capaces de hacerlo todo perfectamente. Pero desde donde nosotros estábamos mirando todo se veía perfecto. Así que tomamos la decisión de ir a ese lugar llamado planeta Tierra. Todos sabemos lo que sucede cuando llegamos aquí. Las cosas no suceden de la forma que queremos. Pero, con rigurosidad científica, aquí todo *es* perfecto. Lo que pasa es que a nosotros no nos gusta así. Pero el problema no es lo que sucede aquí; el problema es la actitud que nosotros tomamos al respecto.

Un diario de quince días

DÍA CUATRO

Espiritualmente nosotros no pertenecemos aquí. Estamos injertados en el cuerpo. Es por eso que nos cuesta tanto hacer lo que queremos hacer de acuerdo con nuestra intención, porque nuestra intención solamente funciona en el Espíritu.

DÍA CINCO

No estás aquí para hacer solamente lo que sabes hacer. No estás aquí para aprender lo que ya sabes. Estás aquí para aprender lo que no sabes y lo que no sabes hacer. Vas a hacerlo, y no será necesariamente fácil o difícil. Se trata únicamente de que lo hagas. Al hacerlo, la disposición a hacer se transforma en "voluntad", la voluntad se transforma en "habilidad", la habilidad se transforma en "apertura", y cuando se produce la convergencia es "gracia". Y entonces nos alineamos completamente.

Un diario de quince días

DÍA SEIS

Existe una ley. Si algo puede ser sacudido, será sacudido. Pero serás tú quien lo sacuda con tus pensamientos y tus sentimientos. Te sacudirás a ti mismo más fuerte que lo que nadie te pueda sacudir. Por eso es que tu mente es tu enemigo, porque se pondrá en contra de ti en tu Espíritu. Y parece ganar, porque aunque tu Espíritu, tu Alma, sea el Guerrero Espiritual, la mente es la armadura física del guerrero, que tratará de destruir y crear caos y venganza, y de soltar a los perros de la guerra para que ataquen a tu vecino, a tu esposa, a tus hijos o a ti mismo.

La gente tratará de contrariarte, provocándote para que los ataques. Pero el Guerrero Espiritual se niega a atacar, porque bien sabe que el karma que se desatará sobre él será peor que cualquier golpe que aseste. El Guerrero Espiritual mira a quien lo provoca y le dice: "Ponte detrás de mí. Si ataco, sucumbo".

DÍA SIETE

La mejor manera de fortalecer tu capacidad de aguante como Guerrero Espiritual es a través del trabajo interior, que consiste en meditar, contemplar, orar y hacer ejercicios espirituales. Recomiendo los ejercicios espirituales como el método más directo de todos, porque una vez que haces conexión con la energía del Alma, la armadura de Dios se transforma en tu propia armadura.

Sin embargo la capacidad de aguante en este mundo se fortalece a través de la adversidad, nos guste o no. Nos fortalecemos a través de la adversidad, y cómo manejemos la adversidad es la medida fundamental para evaluar nuestro crecimiento. Cualquiera puede levantarse y discutir y gritar; cualquiera puede insultar. Pero cuando me insultas y yo absorbo el insulto y me fortalezco a partir de esa acción, me has perdido como adversario.

Un diario de quince días

DÍA OCHO

La vida tiene el siguiente mensaje para todos aquellos que, desde su sentido de autoimportancia quieren ayudar a los demás: No te involucres en cosas que no sean parte de tu interés inmediato. No te apropies de los intereses de los demás. Si te apropias del karma de otro y comienzas a cargarlo, ¿sabes lo que tiene que hacer la persona que lo tenía originalmente? Tiene que seguir cargándolo igualmente. Así que ahora son dos. ¿Y qué te parece si el karma es acarrear un enorme bulto lleno de piedras, y subir y bajar montañas cargándolo? Eso es lo que comenzarás a hacer. Y si te preguntas por qué te duele la espalda y la cabeza y las piernas, es porque estás metido en algo que no te corresponde. Deja eso.

Tal vez digas: "Pero no puedo, él es mi amigo". No, no es un amigo. Es una carga kármica que le pertenece a él. Tu supuesta idea de amistad lo retrasa. Hay una forma de implacabilidad que debe ser parte de la amistad, mediante la cual colocas un límite entre ambos y te aseguras de que ese límite no sea cruzado. Esto realmente es brindar un servicio amoroso. Porque si te apropias del karma de otra persona y lo haces demasiado pronto, tal vez lo estés condenando al sufrimiento de tener que repetir el mismo patrón.

DÍA NUEVE

Al vivir la vida como Guerrero Espiritual habrá momentos en los que te verás forzado por tu situación y circunstancias a observar con mayor profundidad quién eres y qué eres. Tómate el tiempo necesario para mirar hacia adentro, para ver quién está allí y unirte a él.

Cuando hayas encontrado a tu verdadero ser y vivas de acuerdo con él, te darás cuenta de que no te importa vivir o morir, porque esa parte tuya vivirá para siempre. Cuando llegas a ese nivel la muerte se transforma en gracia. He visto gente que llega a ese nivel uno o dos días antes de la muerte. Y he visto a otros que lo alcanzan en el penúltimo suspiro.

No importa cuándo alcances ese nivel. Lo que importa es que lo alcances. Por eso, hazlo ahora, porque el Guerrero Espiritual vive la vida de adentro hacia afuera.

Un diario de quince días

DÍA DIEZ

Criticar no es ser impecable. Usar cosas en contra de ti o en contra de otros es un desperdicio de energía, pero puedes usar tu naturaleza crítica para perfeccionarte. Podrás transformarte así en tu propio tirano mezquino. Deja de temerle a la pobreza. Encuentra la riqueza en el Espíritu en tu interior. No digas que tus emociones son compasivas cuando te hieren a ti a la vez. No le des valor a las cosas del mundo, sino que dale valor a las cosas en tu Espíritu. Entra en el mundo desde tu Espíritu, y deja que el Espíritu dirija tu acción. No le permitas a tus pensamientos, a tus sentimientos o a tu ego que te manejen; deja que tu corazón sea quien te mueva. Él te moverá con su sabiduría y su saber. A veces te avisará con cierta anticipación o estará contigo para ver cómo manejas las cosas. Pero cuando el Espíritu te acompañe, no se te dará nada que no puedas manejar. Tomarás cada desafío como una oportunidad para poner a prueba y desarrollar tus habilidades con impecabilidad.

DÍA ONCE

Debes estar siempre atento. El poder negativo no te puede atrapar cuando estás realmente vivo y despierto y sientes alegría. Para atraparte tiene que encontrar un patrón de negatividad que tú ya estés ejerciendo y convertirlo en un patrón de tiempo, preparando una trampa para que caigas en ella. Pero si estás viviendo en el momento presente, amando el ahora, en un estado de gozo, despierto y alerta, y te aproximas a una trampa, la verás, la evitarás, y continuarás avanzando.

DÍA DOCE

Reconoces la presencia del Espíritu al permitirle que acceda a tu vida sin restricciones o condiciones de ningún tipo. Al Espíritu no le importa cómo, dónde o cuándo te toca, porque no respeta a las personas y no le importa lo que pienses de Él. Ya sea que quieras la sanación ahora, la semana pasada o el mes próximo, Él sigue adelante a su propio ritmo. Y tu tarea como Guerrero Espiritual es estar listo para recibir al Espíritu en el momento que sea y en todo momento.

John-Roger

DÍA TRECE

Si Dios está realmente presente en el ahora (y créeme que lo está), ¿por qué te preocupa el pasado o el futuro? ¿Qué te importa si vives o mueres? Tal vez sientas miedo. Quizás digas: "No me quiero morir, ni ahora ni nunca".

Pero no te estás muriendo en este instante. ¿Por qué luchas contra lo que no existe en este momento, lo que no está sucediendo? Si te vas a morir ahora, te vas a morir ahora, ya sea que te preocupes o no. Y si no te vas a morir ahora, no te vas a morir ahora, ya sea que te preocupes o no. En mi opinión, preocuparse es una forma muy difícil de morir.

Un diario de quince días

DÍA CATORCE

Mucha de las tensiones que la gente sufre resultan de no vivir en el ahora, de estar absolutamente preocupados del pasado o del futuro. Ese es el origen de muchos problemas. Cuando eliminas tu preocupación del futuro y tus recuerdos del pasado, estás aquí y ahora. Pero cuando tratamos de recordar, el simple acto de recordar nos saca del presente. Si dejas de recordar o te olvidas de recordar, y sencillamente vives en el aquí y ahora, estás en buen pie. Mantente en el ahora.

DÍA QUINCE

Cuando vas a ver al Alma, lo que más ves son tus pensamientos y nada más. Entonces dices: "No hay nada más. Si hubiera algo más yo lo vería". No puedes ver la existencia del Alma porque ella está envuelta en ti. Tu Alma es lo que te mantiene vivo, no tu mente. La mente, aunque a veces parezca muy fuerte, no es siempre de confiar. El Alma es territorio sólido.

Modelos de Guerreros Espirituales

(Una invitación)

Se ha dicho que actualmente no existen los héroes. Todos los que llegan a ser famosos parecen tener un talón de Aquiles, en el mejor de los casos, o pies de barro en el peor. Se podría decir lo mismo de los Guerreros Espirituales. Ellos no existen en la actualidad. Pero eso no sería cierto, porque nadie dijo que los Guerreros Espirituales deban ser perfectos.

En las ediciones futuras de este libro me gustaría incluir una lista de nombres de personas, ya sean reales o ficticias, que representen para ti las características del Guerrero Espiritual. Como ejercicio te invito a hacer una lista de personas que para ti personifiquen una o varias de las cualidades del Guerrero Espiritual. Algunas de estas cualidades son:

    Intención
    Impecabilidad
    Implacabilidad

John-Roger

    Dedicación
    Compromiso
    Disciplina
    Enfoque
    Aceptación
    Cooperación
    Comprensión
    Entusiasmo
    Empatía
    Entrega
    Salud, riqueza, felicidad
    Prosperidad, abundancia, riquezas
    Amar, cuidar, compartir, tocar

Coloca el nombre de la persona y describe la(s) cualidad(es) del Guerrero Espiritual que esa persona ejemplifica. Puedes ser tan creativo y tan abierto como te lo permita el Guerrero Espiritual que hay en ti.

Envía tu lista a:

Mandeville Press
Casilla de Correo 513935,
Los Angeles, California 90051-1935
Estados Unidos
Atención: Guerrero Espiritual
o comunícate por correo electrónico
    a **jrbooks@msia.org**

La Despedida

He aquí la paradoja:
el Espíritu siempre ha estado allí.
Y la mayor parte del tiempo
nosotros también hemos estado allí.
Si nosotros hemos estado allí,
y Él ha estado allí,
¿cómo es que no sabíamos que ambos estábamos allí?

John-Roger

Apoyo adicional y Materiales de Estudio

por John-Roger, DCE

Los siguientes libros y materiales de audio y video pueden apoyarte a profundizar en las ideas que se presentan en El Guerrero Espiritual. Los puedes ordenar a través del Movimiento del Sendero Interno del Alma llamando al (323) 737-4055, visitando nuestra tienda en línea en www.msia.org o enviando un e-mail a pedidos@msia.org

Libros por John-Roger

Perdonar: la Llave del Reino
¿Qué es aquello que si todos hiciéramos revolucionaría nuestras vidas? ¿Cuál es ese elemento clave en un nuevo comienzo? ¿Qué es lo que necesitamos de los otros y más aún, de nosotros mismos? El Perdón. Dios se dedica a perdonar y nosotros podemos hacer de ello nuestra actividad más importante. Este libro de lectura fácil, contiene gran cantidad de historias personales y anécdotas que nos sintonizan con nuestro corazón y con el corazón de Dios.
ISBN 978-0-914829-98-0

Los Mundos Internos de la Meditación
Practicar diversas formas de meditación puede producir resultados que van desde la reducción del estrés hasta estados elevados de conciencia. La meditación, que a menudo ha sido catalogada como una búsqueda pasiva y de alguna manera aburrida, se presenta aquí como el proceso vital activo y emocionante que puede ser en verdad.
ISBN 978-0-914829-75-1

Apoyo adicional y Materiales de Estudio

Amando Cada Día para los que Hacen la Paz
Elegir la Paz Cada Día
¿La Paz? Qué idea tan noble, y sin embargo como realidad, muy elusiva. La paz entre las naciones se construye en base a la paz que existe entre sus individuos. Y la paz entre los individuos, a su vez, depende de la paz que tenga cada uno en su interior. Amando Cada Día para Los que Hacen la Paz guía al lector a encontrar sus propias soluciones para experimentar paz.
ISBN 978-1-893020-14-2

La Fuente de tu Poder
Las herramientas para crear lo que quieres están a tu alcance; tus mejores herramientas y recursos yacen dentro de ti. Descubre el poderoso uso positivo de tu mente consciente, subconsciente e inconsciente. Practica y desarrolla la destreza de trabajar con tu mecanismo de éxito interno. Los lectores encontrarán que este libro expande su poder personal, una herramienta invaluable para aquellos que quieren construir un mundo mejor dentro de ellos mismos y en su entorno.
ISBN 978-0-914829-76-8

El Tao del Espíritu
Esta hermosa colección de escritos de John-Roger, bellamente diseñada, está inspirada en el Tao Te Ching, un libro escrito en el siglo sexto a.C. por el honorable sabio chino Lao Tzu. Pensado para ayudarte a liberar el estrés cotidiano y sintonizarte con tu calma interna, cada capítulo está organizado para ser leído según tu inspiración diaria o semanal. Es una forma maravillosa de comenzar o terminar el día, la que te permite soltar tus problemas y frustraciones diarias y renovarte en la fuente del centro de tu existencia. Contiene citas de William Blake, Wordsworth, Shakespeare, Whitman, Rumi, y otros. Este es un libro sobre el cual podrás modelar tu vida.
ISBN 978-9-879623-60-2

John-Roger

Caminando con el Señor
Para cualquiera que esté interesado en los ejercicios espirituales, o para quien desee una relación más profunda con Dios, esta guía es indispensable. Es un libro que brinda instrucciones para la meditación, el canto del nombre de Dios y el manejo de las distracciones mentales y emocionales que suelen aparecer en el camino.
ISBN 978-0-914829-90-4

¿Cómo Se Siente Ser Tú?
(con Paul Kaye, DCE)
¿Qué sucedería si dejaras de hacer lo que supones deberías estar haciendo y comenzaras a ser quien eres? Esta es la continuación de su libro *Momentum: Dejar que el Amor Guíe*, y en este se destacan ejercicios, meditaciones y una narrativa que profundiza y explora en la realidad de quien uno es. Trae un CD que contiene una versión actualizada de la "Meditación para Alinearse con el Verdadero Ser".
ISBN 978-1893020-42-9

¿Cuándo Regresas a Casa?
(con Pauli Sanderson, DCE)
Un relato íntimo del despertar espiritual que contiene elementos de una historia de aventura. ¿Cómo logró John-Roger tomar conciencia de quién es realmente él? Encarando la vida como un científico en un laboratorio. Descubrió así métodos para integrar lo sagrado con lo mundano, lo práctico con lo místico, poniendo atención en lo que funcionaba y lo que no funcionaba. Junto a muchas historias fascinantes, en este libro encontrarás muchas claves prácticas para mejorar tu propia vida, para conectarte con la fuente de la sabiduría que esta siempre presente dentro de ti, y para lograr que cada día te impulse a avanzar en tu excitante aventura de regresar a tu verdadero hogar.
ISBN 978-1-893020-31-3

Apoyo adicional y Materiales de Estudio

Momentum: Dejar que el Amor Guíe—Prácticas Simples para la *vida espiritual*
(con Paul Kaye, DCE)
Por más que todos queramos tener afianzadas y resueltas las áreas más importantes de nuestra vida, tales como las Relaciones, la Salud, las Finanzas y la Profesión, la realidad para la mayoría de nosotros es que siempre hay algo que está descompensado, lo que con frecuencia causa estrés y perturbación. En vez de resistirnos y lamentar el desequilibrio, este libro nos enseña que en el desequilibrio existe una sabiduría inherente. Allí en donde existe un desequilibrio, hay movimiento, y el movimiento "genera una vida dinámica y atractiva, llena de aprendizajes, creatividad y crecimiento".

Justamente en las áreas en que experimentamos la mayor parte de nuestros problemas y desafíos podemos descubrir el movimiento más importante y las mayores oportunidades de cambio.

El enfoque propuesto no es el de poner mayor empeño en que la vida funcione. La vida ya funciona. La gran clave es llenarla de amor. Este libro trata acerca de ser amoroso en el momento presente. Es un curso sobre el amor.
ISBN 978-1-893020-24-5

John-Roger

Materiales audiovisuales

Los siguientes materiales de apoyo están disponibles a través del Movimiento del Sendero Interno del Alma, (323) 737-4055, P.O. Box 513935, Los Angeles, CA 900511935, EE.UU. o enviando un e-mail a pedidos@msia.org

DVD's

El Guerrero Espiritual

Este seminario, disponible como DVD se destaca entre aquellos que proporcionan una base sólida para practicar las cualidades del Guerrero Espiritual. En inglés llano y simple con traducción simultánea al castellano, John-Roger define la tarea del Guerrero Espiritual, y lo que debe hacerse para usar la Espada de la Verdad en tu corazón.
#7333-DVD

Perdón a Través Del Cristo

John-Roger, en un seminario de Navidad, nos cuenta la historia verdadera que ocurría en la época de la vida de Jesús. Crea una experiencia viviente de Jesucristo y la labor que Él realizó y que se conoce como El Cristo. El opuesto a sacarle cosas del pasado en cara a las personas es el perdón. El perdón a través del Cristo, que es el mensaje que el Espíritu nos entrega a cada uno por medio del Viajero, disuelve cualquier separación entre uno mismo y el Espíritu. Este DVD incluye 2 canciones interpretadas por el Coro del MSIA.
#7185-DVD

Sanando el Dolor

En este seminario John-Roger habla realmente de la dulzura de su corazón. Nos muestra como permitimos que la conducta de

Materiales audiovisuales

los demás se adentre en nuestros corazones y afecte nuestro amor. Nos demuestra de forma activa, como sanar el dolor y transformarlo en amor viviente.
#7292-DVD

Poder Auténtico
El tema al que se refiere John-Roger en este seminario son las tentaciones que enfrentamos día a día en nuestras vidas, y las alternativas que tenemos. En él nos ofrece una pregunta que nos podemos hacer cuando notamos que tenemos ante nosotros una de esas tentaciones: Si elijo hacer esto, ¿cuáles son los efectos que esta decisión tendrá sobre mí? Si eres de los que sucumbe a las tentaciones, ni te molestes con este seminario. J-R dice, sin embargo, que por el hecho de hacer uso de tus sentidos (tu personalidad), estás automáticamente programado para tener tentaciones; entonces este seminario tal vez sea justo el indicado para ti. ¿Estás Pensando, Sintiendo o Haciendo?
#7426-DVD

CD's

Meditación de Luxor Para Paz y Armonía
Esta meditación fue grabada en el patio exterior del antiguo Templo de Luxor en Egipto. Ha sido diseñada para despertar y expandir la conciencia de tu dimensión espiritual interna. Te invitamos a que cantes el tono JIÚ (HU) junto a John-Roger y a otros 150 peregrinos de la paz. Deja que resuenen las vibraciones sagradas dentro de ti para crear equilibrio, sanación, armonía y paz.
7303-CDS

Meditación del Equilibrio Corporal
Este es el único cuerpo que tendrás en esta vida. La cosa es vivir en él de la mejor forma posible. Tú eres quien puede llevarlo

a cabo. A través de este proceso de reprogramación, podrás equilibrar tu peso y ser un apoyo para tu salud en todos los niveles.
7543-CDS

Los Mundos Internos de la Meditación
Meditaciones para alcanzar una mayor Paz, profundizar en la toma de Conciencia Espiritual y bienestar, presentadas por los autores.
1. Introducción a la Meditación y Ejercicios Espirituales
2. Meditación de Los Planos Internos de Conciencia
3. Introducción a la Meditación de la Respiración
4. Meditación de la Respiración
5. Introducción a la Meditación del Ra
6. Meditación del Ra
Estas meditaciones también se presentan en el libro de John-Roger
Disco 1, 7691-CDS, Disco 2, 7692-CDS, Disco 3, 7693-CDS

El Santuario Sagrado
Mediante una visualización guiada, el proceso del Santuario Sagrado te lleva en un viaje fascinante que te permitirá utilizar tu sabiduría natural y acceder a tu propia divinidad más plenamente. Este CD es una herramienta valiosa que podrás usar una y otra vez para expandir tu conciencia y crear en tu vida aquello que deseas.
7795-CDS

Y *ahora descubre* . . .

JOHN-ROGER, DCE PRESENTA

GUERREROS ESPIRITUALES

La Película
Dirigida Por David Raynr. El Elenco: Robert Easton, Jsu Garcia, Shyla Cruize, Leigh Taylor-Young Y Sally Kirkland

Si quieres experimentar las enseñanzas, llegar a comprensiones y despertares profundos, puedes hacerlo en la nueva película 'Guerreros Espirituales', escrita y producida por el Dr. John-Roger, escritor que ha alcanzado el #1 en las listas de "best-sellers" del New York Times, junto a Jsu García, co-productor/escritor y protagonista.

Jsu Garcia (El argentino, Y entonces llegó ella, La ciudad perdida, Cuando éramos soldados) y el legendario dialectólogo **Robert Easton** (Medalla roja al valor, dirigida por John Huston, Armas de mujer) actúan en este semi-autobiográfico impacto VFX sobre un joven común y corriente y su despertar espiritual.

Escrita y producida por Garcia, en sociedad con el **Dr. John-Roger**, autor que ha alcanzado el #1 en las listas de best-sellers del New York Times, esta película es dirigida por David Raynr (Trippin, Runteldat).

Los escenarios de filmación incluyen lugares exóticos tales como el medio oriente/Tierra Santa, Egipto, la ciudad ancestral de Petra en Jordania y la ciudad romana de Palmira en Siria. Dentro de los lugares de filmación en EE.UU. se cuenta el maravilloso y único oasis espiritual en Los Angeles, California, Peace Awarenes Labyrinth and Gardens (Laberinto y Jardines para la Conciencia de Paz).

Efectos extravagantes y recuerdos de vidas pasadas pueblan la historia que combina un estudio de carácter junto a una aventura de características extraordinarias. "Quisimos contar una historia de validez universal, que fuera atractiva y estuviera llena de aventuras y dramas humanos, conectándolo con lo metafísico sin caer en sermones", dice García.

"Guerreros Espirituales" es el primer largometraje producido por Scott J-R Productions después de "Mi pequeña La Habana", corto que fue exhibido en festivales de cine en Miami.

**Puedes ser dueño de "GUERREROS ESPIRITUALES"
—la gran película—en DVD
Adquiérela en línea en www.spiritualwarriors.com**

Te invitamos a ver GUERREROS ESPIRITUALES en la gran pantalla. Consulta el **'EVENT CALENDAR'** en

www.spiritualwarriors.com

Puedes suscribirte también a nuestro boletín de noticias electrónico **GRATUITO** en www.spiritualwarriors.com, y si estás interesado en organizar y patrocinar una exhibición de la película GUERREROS ESPIRITUALES en tu ciudad, envía un e-mail a zoe@msia.org.

Visita los espectaculares jardines y el laberinto que aparecen en la película en Los Angeles. Para mayor información ir a— **www.spiritualwarriors.com**.

Y si te interesa conocer mejor las profundas enseñanzas y principios del Guerrero Espiritual, puedes recibir un libro GRATUITO, escrito por el Dr. John-Roger junto a material informativo sobre nuestro programa de estudio. Para esto debes ir a www.msia.org y hacer clic en "SOY NUEVO(A) EN EL MSIA", y luego un clic en "TE ESPERA UN REGALO".

A continuación encontrarás comentarios de celebridades, críticos de cine, organizaciones espirituales y de la industria del cine sobre la película...

"Esta película combina muchos niveles existenciales en eso que llamamos el Guerrero Espiritual".
    —*Dr. John-Roger*

"GUERREROS ESPIRITUALES es un viaje que tuerce la mente y eleva la conciencia, y que vale mucho la pena de emprender. Convertidos en uno, se engranan una historia dramática, un viaje visualmente imponente y una lección de vida. Es una película de efectos especiales que trata sobre crear nuestro propio destino, pero el efecto más especial de todos es la manera en que te hace sentir. Para repetírsela".
    —*Straw Weisman, Productor Asociado*
    WHAT THE BLEEP DO WE KNOW!? (¡¿Y *tú qué sabes?!*)

"GUERREROS ESPIRITUALES" es un viaje extraordinario. Una travesía memorable a través de la luz y la oscuridad de nuestras vidas, y en última instancia, hacia la esperanza. Me encantó".
—**Victor Salva, Director de "El guerrero pacífico" y "Energía pura"**

"El trabajo sobresaliente de Jsu Garcia en GUERREROS ESPIRITUALES es intenso y consistente".
—**Beverly Cohn, Santa Monica Mirror**

"La cinematografía espiritual acaba de adquirir un nuevo hijo pródigo y rebelde. GUERRERO ESPIRITUAL es un espectáculo de entretención alternativo, una montaña rusa de metafísica franca, con ambiciones de convertirse en un éxito de taquilla. Uno de los espectáculos más intrépidos y entretenidos (de los Filmes New Age de los últimos tiempos)".
—*Carl Schroeder, www.mysticalmovieguide.com*

"GUERREROS ESPIRITUALES es una película extraordinaria: un diamante de presupuesto bajo con un perfil de muchos quilates".
—**Enrique Encinosa, Univision Radio Miami**

"Con frecuencia circunstancias trágicas o una herida emocional profunda nos impulsan a la exploración de uno mismo a gran profundidad y altura. Preguntarse ¿cuál es el sentido de todo esto? a menudo nos hace volcarnos a nuestro interior para llegar a las respuestas".
—Kendall Klug, VISION M*agazine*

"Robert Easton es una joya".
—**Edward James Olmos**

"Garcia e Easton… caracterizan a sus personajes respectivos casi a la perfección, ofreciendo una actuación sobresaliente en las escenas tanto serias como graciosas de la película".
—**Shaan Lodhie, Daily Trojan**

"Como muchos de los que buscan, Jsu encontró la senda espiritual: el maestro que le habló a su corazón fue el Dr. John-Roger".
—**Felicia Tomasko, LA Yoga Magazine**

"Este será un exitazo".
—**Stephen Rubin, Director, Festival de Cine de Santa Fe**

"Lo recomiendo a ojos cerrados y de todo corazón. GUERREROS ESPIRITUALES es sin lugar a dudas un viaje espiritual que lleva a Dios en el corazón".
—*Gaby Grigorescu*, **20th CENTURY FOX VENEZUELA**

"GUERREROS ESPIRITUALES te transporta en un viaje magnífico a través de las peripecias de un aventurero joven sumido en una situación de vida apremiante, hasta llegar a encontrarse a sí mismo y despertar al conocimiento superior de quien es él realmente, como ser divino. Es un retrato brillante de los conflictos que atravesamos en los tiempos actuales, y la lucha por encontrar finalmente la paz y esa mayor capacidad de amar dentro de nosotros mismos, al enfrentarnos a las dificultades que a veces nos plantea la vida cotidiana, y que a menudo pueden experimentarse como horrorosas. La película Guerreros Espirituales es excitante, positiva e inspiradora para todos los espectadores".
—Jaime King-Newman

"La película Los Guerreros Espirituales es sin duda un viaje que todos estamos haciendo, con la gran ventaja de ser un film divertido y de que el mensaje te llegue entre risas, sonrisas y emocion profunda."
—Maria Luisa Merlo, Actriz

"Me siento muy orgullosa de ser parte del elenco de esta película. Algunas películas pueden ser "educativas" y entretenidas, ya que algo cambia internamente para siempre cuando uno las ve. Esta película nos recuerda quienes somos realmente en medio de los desafíos de la vida. Estamos vivos en el Espíritu y somos de origen Divino".
—Leigh Taylor-Young

"Si alguna vez te has preguntado ¿quién eres?, ¿qué hago aquí?, ¿es esto todo?, GUERREROS ESPIRITUALES te da las respuestas. Jsu Garcia retrata de manera magistral al hombre común y corriente Finn, quien desnuda su alma, revela su propia verdad y el espectador se olvida que está actuando, viajando con él hacia lo desconocido para descubrir a la postre que lo desconocido es el propio ser. A mí me cambió la vida".
—Laura Mola

"Jsu García en su búsqueda de respuestas a las preguntas existenciales de: "¿Por qué estamos aquí?", "¿Cómo podemos evolucionar?, "¿Es destruir nuestro destino?, en GUERREROS ESPIRITUALES nos plantea con inmensa pasión el desafío que implica contemplar nuestra propia existencia y la naturaleza de nuestro ser. "¿Somos escritores, productores y protagonistas de nuestro propio guión de vida?" Estas son preguntas que nos incitan a descubrir el verdadero sentido de la vida y que tan desesperadamente se necesita en el mundo actual".
—Hector Elizondo

Disertaciones del Conocimiento del Alma—Un Curso en Trascendencia del Alma

El corazón de las enseñanzas de John-Roger, las Disertaciones del Conocimiento del Alma, han sido diseñadas para enseñarnos la Trascendencia del Alma, lo que significa tomar conciencia de uno mismo como Alma y como uno con Dios, no como algo teórico sino como realidad viva. Las mismas están dirigidas a personas que requieren de un enfoque consistente y comprobable en el largo plazo.

Cada año de este curso contiene doce lecciones, que se leen y contemplan una por mes durante el año. Las Disertaciones son un tesoro de claves prácticas para tener una vida más exitosa. Más aún, ellas proporcionan claves para lograr un mayor conocimiento espiritual y ampliar la conciencia del Alma, presentando una manera estructurada y metódica para lograr una mayor toma de conciencia de nuestra esencia Divina y profundizar nuestra relación con Dios.

Siendo espirituales en esencia, las Disertaciones son compatibles con cualquier creencia religiosa que se tenga. De hecho, la mayoría de las personas encuentran que las Disertaciones apoyan la experiencia de cualquier senda, filosofía o religión (o en su defecto, ninguna) que ellos elijan seguir. Escritas de una manera muy sencilla, las Disertaciones se refieren a verdades eternas y a la sabiduría del corazón.

El primer año de Disertaciones se ocupa de temas que van desde la creación del éxito en el mundo hasta trabajar de la mano del Espíritu.

Un conjunto anual de Disertaciones cuesta normalmente US$ 100.00. El MSIA ofrece el primer año de Disertaciones a un precio de promoción de US$ 50.00. Adicionalmente, las Disertaciones se entregan con una garantía total de devolución de dinero/sin cuestionamientos. Esto significa, que si en algún momento decides que este curso de estudios no es el apropiado para ti, simplemente devuelve tus Disertaciones y muy pronto recibirás el reembolso total de tu dinero.

Para ordenar las Disertaciones, dirigirse al Movimiento del Sendero Interno del Alma llamando al (323) 737-4055, enviando un e-mail a pedidos@msia.org o visitando la tienda en línea en www.msia.org.

Sobre el autor

John-Roger, Doctor en Ciencia Espiritual (DCE)

Maestro y conferencista de talla internacional, una luminaria en la vida de miles de personas, ha publicado millones de libros. Durante más de cuatro décadas su sabiduría, su humor, su sentido común y su amor han ayudado a muchos a descubrir al Espíritu adentro de ellos, y a encontrar salud, paz y prosperidad.

John-Roger es un recurso extraordinario, que cubre una amplia gama de temas a través de más de tres docenas de libros, dos de los cuales, escritos en co-autoría, fueron parte de la lista de "best-sellers" del New York Times, y de sus innumerables materiales en audio. Es el fundador y consejero espiritual de la iglesia ecuménica del Movimiento del Sendero Interno del Alma (MSIA), cuyo principal enfoque es la Trascendencia del Alma; fundador y canciller de la Universidad de Santa Mónica (University of Santa Monica); y fundador y presidente del Seminario Teológico y Escuela de Filosofía Paz (PTS); fundador y presidente del directorio de los Seminarios Insight y fundador y presidente del Instituto para la Paz Individual y Mundial.

Sobre el autor

John-Roger ha dado más de 6.000 conferencias y seminarios por todo el mundo, muchos de los cuales se televisan en los Estados Unidos a nivel nacional en el programa de Cablevisión titulado *That Which Is*. Ha sido invitado estelar en el programa de la CNN de Larry King, y sale en radio y televisión con regularidad.

Un educador y ministro de profesión, John-Roger continúa transformando las vidas de muchos, al educarles en la sabiduría del corazón espiritual.

Para mayor información acerca de las enseñanzas de John-Roger a través del Movimiento del Sendero Interno del Alma, favor ponerse en contacto con:

MSIA ®
P.O. Box 513935
Los Angeles, CA 90051-1935
EE.UU.
Teléfono: (323) 737-4055
alma@msia.org
www.msia.org
www.john-roger.org

Si desea concertar entrevistas o charlas con el autor:

Favor contactar a Angel Gibson:
Mandeville Press
3500 West Adams Blvd.
Los Angeles, CA 90018
Tel.: (323) 737-4055 x 1180
angel@mandevillepress.org

Agradecimientos

Como cualquiera que haya escrito un libro sabe, escribirlo requiere del esfuerzo y la colaboración de muchas personas. Mi gratitud en especial para Paul Kaye por asistir a mis charlas y reconocer el libro implícito en ellas. A Laren Bright por ordenar las palabras de una manera atractiva al lector. A Paul Cohen por creer en el proyecto desde sus mismos comienzos. A Samuel Warwick-Smith y Asociados por contárselo a todo el mundo. A Sally Kirkland y a Leigh Taylor-Young por estar siempre presentes frente al público. A Judi Goldfader por su actitud alegre, sin importar lo que estuviera sucediendo y por saber hacer las cosas de la manera más efectiva y por ser la persona más indicada para realizarlas. Y a John Morton que es uno de mis héroes y uno de mis modelos del Guerrero Espiritual. Gracias.

www.ingramcontent.com/pod-product-compliance
Lightning Source LLC
LaVergne TN
LVHW011418080426
835512LV00005B/132